ロバート・A・グラバー
DR. ROBERT A. GLOVER
石山 淳 訳

ナイスガイ症候群

人生が思うようにならない理由

NO MORE MR. NICE GUY

No More Mr. Nice Guy :
A Proven Plan for Getting What You Want In Love, Sex and Life
by Dr. Robert A. Glover

Japanese translation rights arranged
with Sobel Weber Associates, Inc., New York
through Tuttle-Mori Agency, Inc., Tokyo

献辞と謝辞

本書を、私のパートナーにしてミューズ《女神》、そして親友であるエリザベスに捧げます。あなたがいなければ、私は今なお救いようのないほど自覚のない「ナイスガイ」のままだったでしょう。あなたはまさに神からの贈り物です。本当にありがとう。

デビッド、ジェイミー、スティーブ、グラント――ありがとう。君たちは親としてこれ以上は望めないほどすばらしい子供たちです。一人ひとりみんな違ってとても個性的な君たちを育てることは、親の私にとって終わることのない大きな喜びです。「本はいつ書き終わるの？」。いつもそう尋ねてくれてありがとう。これからも、一人ひとりが自分らしくあることを忘れないでほしい。

人生のごく個人的な領域へ私が踏み込むことを許してくれた、数えきれないほど多くの皆さん、本当にありがとう。本書は皆さんのために書きました。皆さんからいただいた情報や助言がなければ、本書が完成することはなかったでしょう。とりわけ、私が主宰する「ナイスガイ症候群」克服グループに参加してくださった男性のみなさん、あなたがたの人生を共に歩むことができたおかげで、私自身の人生も変わりました。本当にありがとう。

アン・ヘイスティングス博士――本書の一ページ一ページに、あなたの知恵と洞察が散りばめられています。あなたのおかげで、私は、自分がありのままでいていいのだと信じられるようになりました。ありがとうございます。

デビー・デュバル――あなたの編集の才は、私の数知れない未熟な部分を見事に補完してくれました。よりよい本にするために力を尽くしてくださったことに感謝します。

私の代理人であるナット・ソーベル、そして本書の担当編集者となってくれたバーンズ&ノーブル社のローラ・ノーラン――あなたがたは、誰もが本書の出版に難色を示していたなかにあって、本書の意義を評価してくださいました。私と本書を最後まで信じてくださったことに感謝します。本書を通じて、世界中の数知れないナイスガイたちが、「ナイスガイでありたい症候群」の克服に必要な手がかりを見つけることができるようになったことは、まさにあなたがたの先見の明と忍耐のおかげです。

はじめに

この半世紀というもの、社会は劇的に変化し、伝統的な家庭の姿も大きく変わりました。その過程で「とにかく人から認められたい」と考える、ある種の男たちが生まれるようになりました。

そんな男たちを「ナイスガイ」と呼ぶことにします。

ナイスガイたちは、人からよく見られたい、「正しい」ことをしようという思いにとらわれ、周りの人をハッピーにすることにいちばんの幸せを感じます。いさかいを何より嫌い、人の機嫌を損ねないようかなり気を遣います。概して、ナイスガイたちは穏やかで寛大です。女性を喜ばすことには格別気を遣い、何とかほかの男たちとは違うと思われたいと考えています。ナイスガイたちは、自分が献身的で、思いやりにあふれた善い人間であれば、その見返りとして、ハッピーで、人から愛され、満ち足りた生活が送れると信じているのです。

そんな男などいるはずがない、と思いますか?

実は大勢います。

この数年、私は心理カウンセラーとして、憤まんや恨みがましい思いを抱えたナイスガイたちに数えきれないほど出会いました。彼らは皆、幸福な生活を手にしたい、自分にはその価値があると思いながら果たせず、苦しんでいました。そのフラストレーションの根源にあるのは、「ナイスガイが信じてきたひとつの神話」です。

この神話こそが「ナイスガイ症候群《シンドローム》」の核心です。「ナイスガイ症候群」というのは、自分が善い人間であれば人から愛され、自分の望みがかない、悩みなき人生を送れるという思い込みのことです。この人生哲学によって、まあ、よくあることですが、思うような結果を手にできなかった場合、ナイスガイたちはどうするのか。同じ方法で、もっと頑張ってしまうのです。でも、このパターンは無力感や憤まんが募るだけで、ナイスガイたちは「ナイス」とは程遠い状態になってしまいます。

実を言うと、私が「ナイスガイ症候群」について考えるようになったのは、私自身が、「正しい」ことをやろうと頑張りながら、当然得られるはずの結果を得られないという不満を抱えていたからです。私自身、「意識の高いニューエイジの男」だったわけで、それが誇りでもありました。自分は誰よりナイスガイであるはずなのに、全然ハッピーではなかったのです。

人の世話を焼き、自分のすることへの見返りを期待し、問題を解決し、いつも心穏やかで、争いごとを避け、人から認められることを求め、失敗は見せないようにする……。私はそうしたナイスガイとしての自分の振る舞いを振り返るうちに、私のカウンセリングを受けに訪れる男たちの中にも、似たようなことをしている例が数えきれないほどあることに気づくようになりました。私の描いた人生の筋書きはけっして特殊な例ではなく、むしろ社会の変化がもたらしたもので、それが数えきれないほどの大人の男たちに影響を与えている。私はそう考えるようになったのです。

これまでは、この「ナイスガイ症候群」を正面切って問題視し、有効で総合的な解決策を見いだそうとする専門家など、ほとんどいませんでした。メンタルヘルスの専門家が「ナイスガイ症候群」について取り上げた例としては、一九八五年に公認ソーシャルワーカーのニール・スコット氏によるテープ録音「ナイスガイはなぜいつも女性関係で心配するのか」がありますが、そのほか多くは、ナイスガイや「ナイスガイ症候群」を単なるお笑いネタとして扱うか、ナイスガイは救いようのない犠牲者という視点で取り上げるといった扱いになっているのが現状です。

私がこの本を書こうと思い立ったのは、そういう理由からです。

本書では、世のナイスガイたちに、人から認められようと努力することをやめ、恋愛やセックス、そして人生の中で自分が本当に求めているものを手にする方法を提案しています。ここにご紹介しているのは、「ナイスガイ症候群」がもたらす悪循環から男たちを解放する、効果実証済みのプランで、それは私自身がこの症候群を克服した経験と、この二〇年間をかけて数えきれないほどのナイスガイたちを研究してきた成果に基づいています。

ですから、はっきり申し上げて本書は男性のための本なのですが、その執筆にあたっては数えきれないほどの女性たちから助言をいただきました。この本を読んだ女性たちは、たいてい、ナイスガイであるパートナーをよりよく理解できるようになった、それどころか、女性である自分たちについての新しい気づきもあったと言ってくれます。

本書にご紹介する情報やツールには確実な効果があります。もしあなたが不満を抱えたナイスガイなら、本書でご紹介する行動原理によって人生を変えることができるでしょう。つまり、次のようなことが可能になるのです。

- 自分の望むものを手にするための効果的な方法を習得できる
- 自分には力があるという自信が湧いてくる
- 本当はこうしたかった、という親密な人間関係をつくれる
- 自分の感情や熱い思いを表現する術を身につけられる
- 充足感のある、エキサイティングなセックスライフを送れる
- 自分の男らしさを信じ、周りの男たちと実のある関係をつくれる
- 自分のポテンシャルを引き出して、創造的で生産的な人間になれる
- 自分をあるがままに受け入れられる

もしこうした成果が意義あるものだと思うなら、あなたが「ナイスガイ症候群」から脱却する旅はもう始まっています。認められたいと思うことをやめ、恋愛やセックス、そして人生を自分の思いどおりにする時は、今なのです。

★目次

CONTENTS

CONTENTS

第5章 自分本来のパワーを取り戻そう

CONTENTS

第6章　男らしさを取り戻そう …… 179

CONTENTS

CONTENTS

第1章

「ナイスガイ症候群」（ナイスガイシンドローム）

「私はいわゆるナイスガイで、誰もが、こんなナイスガイにはめったに会えないんじゃないかと思う、そういうタイプだと思います」

個人カウンセリングの初回でそう自己紹介したのはジェイソン。二〇代半ばのカイロプラクティック施術師で、自分の人生はただひとつの問題を除けば完璧だと言います。その問題とはセックスライフで、それが悩みの種でした。妻のヘザーとはもう数カ月間夜の営みがなく、今後事態が好転するとは思えないということです。

ジェイソンは、結婚生活や家族のこと、自分の性的志向のことなど、率直に語ってくれました。人当たりがよく、自分のこと、自分の生活のことを話す機会を楽しんでいるようでした。

ジェイソンは、とにかく周りから好かれたいと思っていました。自分のことは、心の広い、寛大な人間と評し、感情の起伏も少なく、取り乱したりすることもないのが長所だと思っています。周りの人をハッピーにするのが好きで、争いごとは好まず、妻ともいさかいを起こしたくないので、自分の感情は押し殺し、すべてを「きちんとやる」よう努めているということでした。

そうした自己紹介の後、ジェイソンはポケットから取り出した紙を広げながら、話すことを忘れないようメモしてきたと言いました。

「でも、結局のところ、うまくいかないんですよ」

ジェイソンはリストに目を通しながら相談を始めました。「私がいくら一生懸命やっても、ヘザーは何かしら私のアラを探し出そうとするんです。そういう扱いには納得できません。こっちは善き夫、善き父親であろうとしているのに、それでは充分ではないのでしょうか」

ジェイソンはそこで言葉を切って、リストに目を走らせてから話を続けました。

「今朝だってそうです。ヘザーも仕事に出かけるので、私は娘のチェルシーを起こして朝食を食べさせ、風呂にも入れてやりました。身支度をさせて、さあ私も出かけようというときでした。ヘザーがいつもの不満げな顔で入ってきました。ああ、また始まるなと思いましたよ」

「チェルシーに何て格好させてるのよ。まったく、いいセンスだこと」。ジェイソンは、妻の口ぶりを真似ながら言いました。「妻がチェルシーにどんな服を着せたかったのかなんて知りませんよね。朝の忙しいなか、全部私がやっているというのに、結局、私のやったことは全部ダメなんです」

「こんなこともありました。この前、私が台所を片づけていたときのことです。私はそれこそ隅から隅まで片づけたんですよ。皿類は食洗機にかけて、鍋やフライパンをきれいにして、床も掃いてね。ここまでやったら、ヘザーも絶対喜んでくれるに違いないと思っていました。ところが、そろそろ終わりというときにヘザーが入ってきて、こう言うんです。『なんでカウンターをふかないの？』ってね。たしかにカウンターはやっていませんでしたよ。でも、それ以外はやっていたわけだし、そのことに気づきもせず、一言の礼もなく、まだやっていないことで文句を言うんです」

「夜の営みについてもそうです。二人ともクリスチャンなので、結婚前は何度かイチャついたことがある程度でした。セックスは私にとって大切なことですが、妻はあまり興味がないようなんです。結婚したら何もかもうまくいくと思っていました。妻のためにこれだけいろいろやってあげているのだから、妻は私のたったひとつの望みに応えてくれる。誰だってそう考えますよね」

「私は、その辺の男より、はるかにいろんなことをやってあげているんです。でも、こっちがやってあげていることに比べて、あっちがやってくれることは少ない」。ここでジェイソンは、まるで小さな子供がダダをこねるかのように、こう訴えました。

「私はただ愛されたい、認めてほしい、それだけなんです。それが、そんなに高望みなんでしょうか」

典型的なナイスガイたち

このジェイソンのような男性は、しょっちゅうといえるほど私のオフィスにやってきます。彼らは、身なりや背格好こそさまざまですが、基本的な世界観は皆同じです。そういう男たちを何人か紹介しましょう。

オマール

オマールの人生でいちばんの目標は、彼女を喜ばせることです。でも、彼女は、オマールが肝心なところを分かってくれないと文句を言うばかり。今まで付き合った女性たちも同じことを言いました。オマール本人は、自分のことを献身的な男だと思っているので、そういうふうに責められるのは納得がいきません。オマールによれば、人生で最大の喜びは周りの人をハッピーにすること。友人に何か困り事があった時には、いつでも駆けつけられる準備をしています。

トッド

トッドは、女性を尊重し謙虚に接していることが誇りだと言います。だからこそ自分は周りの男たちと違うのだし、女性にモテて当然だと信じています。女友だちはたくさんいますが、深い関係になった相手はほとんどいません。女友だちからは、よく話を聞いてくれる人だと言われ、悩み事を相談しようと電話してくる女友だちもいます。彼は、そういうふうに自分が必要とされていると感じるのがうれしい。そういう女性たちからは、いつも「あなたみたいな男と一緒になった女性は本当にラッキーよね」と言われます。それほど女性たちに優しく接しているのに、女性たちが自分のようなナイスガイではなく、どうしようもない男に惹かれていくのか、彼にはまったく分かりません。

ビル

ビルは何かと頼まれることの多い男で、彼の辞書に「断る」という言葉はありません。教会に行けば、車が壊れたという女性のために修理してあげる。息子が入っている少年野球チームのコーチを引き受ける。引越を手伝ってくれと言われれば手伝いにいく。毎晩、仕事帰りに、一人暮らしの母親の様子を見にいく。ただ、そんなふうに人のためにいろいろやるのはうれしいことなのですが、どうも割が合わないような気もしています。

ゲイリー

ゲイリーの妻はしょっちゅうかんしゃくを起こし、彼を口汚くののしったりバカにしたりします。でも彼はいちいち争いたくないし、波風を立てたくないので、妻の怒りを買いそうな話題は持ち出さないようにしています。喧嘩の後で謝るのはいつも彼のほうで、記憶するかぎり、妻が自分の言動について謝ったことはありません。二人はしょっちゅうぶつかっていますが、ゲイリーは妻を愛しているし、妻が喜ぶことなら何でもすると言います。

リック

リックは五〇代のゲイ。アルコール依存症のジェイという男と付き合っており、ジェイの酒浸りを何とかしたいということでカウンセリングに訪れました。何かあると、その後始末をするのはいつも自分ばかりという不満があるのです。ジェイが酒浸り状態から脱するために何かできれば、自分が理想と描いていた関係を築けるのではないかと考えています。

ライル

ライルは敬虔《けいけん》なクリスチャンで、常に正しい行いをしようと努めています。日曜学校では教壇に立ち、教会でも古株になります。ただ、若いころからポルノを見るのが好きで、やめることができずに悩んでいます。マスターベーションもやめられず、日に三回も四回もしてしまうことがありますし、日に何時間もインターネットのアダルトサイトを見てしまいます。そんな性的志向がバレてしまったら、自分の人生はメチャクチャになるのではないかと心配です。お祈りや聖書の研究などでそうした欲望を抑えようとしてはいるのですが、そんな努力も功を奏していません。

ホセ

ホセは三〇代のビジネスコンサルタント。今の彼女と付き合って五年になりますが、彼女のことを甘えん坊でわがままだと思っています。実は一緒に暮らし始めた一日目から別れたいと思うようになったのですが、もし彼女を捨てたりしたら、彼女はとてもひとりではやっていけないのではないかと心配しています。何度か別れ話を切り出しましたが、そのたびに彼女が半病人のような状態になるので、結局ヨリを戻してしまいます。彼女を傷つけることなく、自分も嫌なヤツと思われることなく関係を清算する方法はないものか。ホセは、四六時中そんなことばかり考えています。

彼らが考えていること

こうした男たちは個性こそさまざまですが、実は人生の考え方は共通しています。つまり皆、自分が「善い人間」で、すべてを「きちんと」やれば、愛され、自分の望むものを手にすることができ、問題のない人生を送ることができると信じて疑わないのです。善良であろうとするあまり、失敗や欲求や感情といった自分自身の問題はなかったことにするか隠してしまい、寛大で親切で穏やかな人といった、周りから期待されるとおりの人間になろうとします。

こうした男たちを、私は「ナイスガイ」と呼びます。

今まで、こうしたナイスガイたちが問題視されることはそうありませんでした。でも、例えば次のような男たちはそこらじゅうにいるのではないでしょうか。

・何でも妻の言いなりになっている親戚のおじさん
・誰から何を頼まれても断ることがないのに、自分の生活はメチャクチャな友人
・いさかいを避けようとするあまり何も解決できず、妻や彼女をイライラさせている男
・相手によって態度が変わり、相手が望むような対応しかしない上司
・とにかく波風を立てたくないので、人からいいように扱われても文句ひとつ言わない男
・人の頼みごとは断らないものの、無理難題を押しつけられて迷惑しているなどと言えない、教会などによくいる「頼りになる」男
・きちんとした人生を送っているように見えながら、ある日突然爆発し、すべてを台無しにしてしまう男

ナイスガイたちの特徴

ナイスガイたちはそれぞれ個性的ですが、いくつか共通の特徴があります。その特徴は子供のころに形成されたある考え方から生まれたもので、それらがその後の人生の指針になっています。ほかの男たちもひとつや二つは持っているのですが、ナイスガイたちの場合、その数がきわめて多い

ということです。いくつか挙げてみましょう。

ナイスガイは献身的

たいていのナイスガイが、人のために何かをすることは気分がいいと語る。寛大であることは自分が善い人であることを示すための印で、寛大であれば、愛され、感謝される人間になれると信じている。

ナイスガイは世話焼き

悩みがあったり助けを求めている人、怒っていたり落ち込んでいたり悲しんでいたりする人がいれば、ナイスガイは、多くの場合頼まれもしないのに、問題を解決しよう、事態を好転させようとする。

ナイスガイは認められたい

人から認められたいと思うのは「ナイスガイ症候群」に共通する特性。ナイスガイのやること話すことすべてに、人から評価されるようにしよう、非難されないようにしようという計算が働いている。特に女性との関係では顕著。

ナイスガイはいさかいを避ける

ナイスガイは物事をスムーズに進めたがるので、波風が立ちそうなこと、人を怒らせるようなことを避けようとする。

ナイスガイは欠点やミスを隠す

ナイスガイは、自分のミスや欠点が見つかって周囲を怒らせたり、バカにされたり、見放されたりすることを極端に恐れる。

ナイスガイは「正しい」道を求める

ナイスガイは、ハッピーで悩みのない人生を送るにはコツがあると考えており、何事も正しいやり方さえ見つかれば、すべてうまくいくと信じ込んでいる。

ナイスガイは感情を抑えがち

ナイスガイは感覚的ではなく分析的。感情的な行動は時間と労力の無駄と考えており、感情を努めて表に出さないようにしている。

ナイスガイは「父とは違う」と思いたい

ナイスガイの多くが、「父親が不在がちだった」「父親がいなかった」「存在感がなかった」「怒りっぽかった」「女好きだった」「アルコール依存症だった」などと訴える。人生のある時点で、そういう父親と正反対の生き方をしようと決めたとしても不思議ではない。

ナイスガイは女性といるのが心地よい

子供時代の境遇もあってか、ナイスガイの多くは男の友人が少ないようだ。たいていは女性たちから認められたいと思っており、自分はほかの男たちとは違うと思い込んでいる。自分はほかの男たちのように自分勝手で怒りっぽくはないし、暴力的ではない。そう思いたがっているのだ。

ナイスガイは自分のことは後回し

ナイスガイたちは、自分の望みを最優先するのは自分勝手なことだと考える。自分の望みより他者の望みを優先することを美徳と考えているからだ。

ナイスガイはパートナーの気持ちを優先

パートナーをハッピーにできるだけで自分は幸福。多くのナイスガイがそう語る。したがって、たいていのナイスガイは、二人の関係をよりよくするために膨大なエネルギーを使う。

ナイスガイは「ナイス」ではない

「ナイスガイ症候群」など大した問題ではない。そう考える人もいれば、そもそもナイスな人間で何が悪いのかと考える人もいるでしょう。マンガやコメディドラマに登場する、気弱で損ばかりしている人物のことを思い浮かべてつい笑ってしまう人もいるかもしれません。こういう人たちの行動は、深刻な問題というより失笑の対象になることのほうが多いのです。

ナイスガイ自身も、たいていの場合、自分の信念や行動に潜む深刻な問題に気づいてはいません。私がこうした男たちの研究を始めたころ、彼らはほぼ例外なくこう尋ねたものです。

「自分がそのナイスガイとやらであったとして、何か問題があるのでしょうか」

この本を手にした皆さんも、タイトルを見て首をかしげ、同じような疑問を感じたかもしれません。私は、こうした男たちを「ナイスガイ」と名付けましたが、私が問題にしているのは、彼らの実際の行動というよりは、自分自身や周りの世界について彼らが心の奥底に持っている信念が「ナイス」かどうかなのです。彼らは、自分が「ナイス」であれば、愛され、自分の望みをかなえ、スムーズな人生を送ることができると思い込んでしまっている。それが問題だということです。

ですから、「ナイスガイ」というのは必ずしも適切な命名ではないかもしれません。ナイスガイは往々にして全然ナイスじゃない場合も多いからです。ナイスガイの、全然ナイスじゃない特徴を挙げてみましょう。

ナイスガイは不誠実

ナイスガイは自分のミスを隠し、いさかいを避け、相手はこう言ってほしいのだろうと自分で推測したことしか口にせず、自分の感情は押し殺す。こうした特性から、彼らは本質的に不誠実な人間だといえる。

ナイスガイは秘密主義

ナイスガイは人から認められたいという思いで行動するので、人を怒らせてしまうのではないかと思うことはすべて隠してしまう。「うまくいかないのなら、その根拠は隠したほうがいい」。それがナイスガイのモットーなのだ。

ナイスガイは心に小部屋を持つ

ナイスガイは、心の中に細かく仕切られた小部屋をいくつも持っている。そして本当なら自分の中で矛盾する事柄でも、それぞれ別の小部屋に入れることで矛盾などないかのように考え、心のバランスをとっている。だからこそ、妻帯者が秘書やインターンの女学生と関係を持ったとしても、「一線は越えていない」のだから不倫ではない。ゆえに妻を裏切ってはいない、といった都合のいい理屈を平気で口にすることができる。

ナイスガイは策士

ナイスガイは概して自分の望みを最優先にすることが苦手。自分はこうしたい、こうしてほしいとはっきり言うことができず、ある種の無力感に襲われることが多い。そこで何とか自分の望みがかなう方向にもっていこうと、他者の心を巧みに誘導する。

ナイスガイは専制的

ナイスガイにとっては物事がスムーズに進むことが最優先事項。このため、周りの人や物事をコントロールしようとする。

ナイスガイは見返りを求める

ナイスガイは人のために尽くす寛大な人間ではあるが、一見他者のためにやっているように見えても、実は本人も意識しないまま見返りを期待していることが多い。心のどこかに、「感謝されたい」「自分がこれだけやってあげたのだから、相手も何かしてくれるだろう」「こうすれば怒りをおさめてくれるだろう」という期待がある。ナイスガイたちの多くが、自分は相手のために一生懸命やっているのに、その見返りが少ないことが不満だと漏らしている。

ナイスガイは「受動攻撃的」

ナイスガイは自分の不満や恨みを、間接的でまわりくどい、到底ナイスとはいえないやり方で晴らそうとする。わざと気のない返事をする、約束を忘れたふりをする、わざと遅れて来る、途中で投げ出す、セックスのときには勃起させなかったり自分だけ先にいってしまったりする。さらには「もう二度としない」と二人で約束したのにまた繰り返す、といった行動である。

ナイスガイは怒りをためる

ナイスガイの多くは、自分が怒り狂うことなどまったくないと言うが、積年の不満や恨みのせいで、彼らの心の奥底は怒りの充満した圧力鍋状態になっている。この怒りが、誰も予想できない、まったく不適切なタイミングで噴出することも珍しくない。

ナイスガイは妙な性癖を持つ

習慣的についふけってしまう行為には、ストレスを軽減したり気分を変えたり、心の傷みを癒したりする効果がある。ナイスガイは心にため込んだものが多いので、どこかで発散する必要がある。彼らがはまりこんでしまう習慣で最も多いのは性的な行為である。

ナイスガイは「ノー」と言えない

多くのナイスガイは、「嫌だ」「やめてくれ」「やりたくない」と断ることが苦手。このため、自分は哀れな犠牲者だと思い込み、自分が陥っている嫌な状況を他人のせいにしようとする傾向がある。

ナイスガイは孤立しがち

ナイスガイは好かれたい、愛されたいと思っているが、その行動のせいで、周囲からは煙たがられることが多い。

ナイスガイは問題を抱えた人や状況に引きつけられがち

この行動様式はたいてい、子供時代の環境や、善い人間に見られたいという欲求、人から認められることへの執着から生まれたものだが、残念ながらそうした傾向のせいで、他者の問題解決や火消しに自分の時間のほとんどを取られてしまう。

ナイスガイは親しい人との関係に問題を抱える

ナイスガイはパートナーとの関係を最も重要視しているが、この関係こそが苦労や不満の種になっていることが多い。例えば……

・どう自己弁護しようかとか、人の問題をどう解決しようかとか思いを巡らせることに忙しく、パートナーの話をあまり聞いていない。
・争いごとを恐れるあまりいい加減な対応になり、問題を根本から解決できないことが多い。
・「問題を解決してあげるべき対象」とか「磨けば絶対光るダイヤの原石」と見なす相手とパートナー関係になることが多く、その対象が思ったほど光らないと、二人が幸福になれないのは相手のせいだと考えてしまう。

ナイスガイは性的な問題を抱えている

ほとんどのナイスガイが、自分のセックスライフには問題がないと答える。だが、セックスライフに不満がないと言う割には、勃起できない、できても長続きしない、すぐに果ててしまうといった性的な問題を訴える。また浮気や買春、ポルノ、衝動的なマスターベーションなどに走る例も多い。

ナイスガイの成功はそこそこ

私が出会ったナイスガイの大多数は才能にあふれ、知的で、比較的成功を収めている。しかし例外なく誰もが、自分の才能を発揮しきれていない。

善い人だとは思うけど……

疑うことを知らない人には、控えめで人当たりがよく寛大というナイスガイたちの特徴は、普通の健全な人たちの特徴と変わらないように見えるかもしれません。多くの女性たちが、当初はこんなすてきな人に出会えてよかったと考えます。ナイスガイたちが、これまで付き合った男たちとは違うように見えるからです。

でも残念ながら、これまでご紹介してきたようなナイスガイの好ましからざる特性が徐々に現れてきて、二人の関係を害するようになります。その結果、女性は「この人、ナイスなときもあるけど、ナイスどころじゃないときもある」と思うようになります。私はナイスガイの妻やパートナー、恋人たちに数えきれないほど会って話を聞きましたが、誰もが彼らのことを「まるでジキルとハイドみたい」と言いました。例えば……

「あの人は本当に優しいときもあれば、私をひどく傷つけることもあるんです。私が残業で遅くなるときには、代わりに子供たちを迎えに行ったり夕食を用意したり、そういうこまごましたことはしてくれます。でも、まったく唐突に、夜の相手をしてくれないと言ってかんしゃくを起こしたりするんです」

「『彼、とてもすてきね』とか『あんな人を射止めたんだから幸せ者ね』とか、よく言われます。でも彼が本当はどんな人間か、みんな知らないんです。彼は、人の車を修理してあげるとか、誰かが困っていると必ず何かしてあげますが、私が何かお願いすると、『君の思いどおりになると思ったら大間違いだ』とか、『おふくろみたいにあれこれ命令するな』とか言いだすんです」

「あの人は、いつも私を喜ばせようとしてくれます。私のためなら何でもしてくれる。でも、本当に私のためなのか、分からないんです。例えば、あまり乗り気じゃなさそうなのに、買い物に付き合ってくれるときもありますが、そんなときはずっとブスッとしたまま。何だかいたたまれない気持ちになります。嫌なら嫌だと言ってくれればいいのにって思うんです」

「何か気に入らないことがあるときも、あの人は私に何も言わない。心の中にしまい込んで、圧力鍋みたいに不満をためていくのよ。何が気に食わないのか、私には想像もつかない。で、ある時突然、彼が爆発して大喧嘩になるわけ。気に食わないことがあったら言ってくれれば、もっとうまくいくと思うんだけど」

「私が悩みを打ち明けると、あの人は解決してくれようとします。でもあの人は、私が何もかもあの人と同じようにやれば悩みなどなくなると考えていて、『何でもネガティブに考えるからダメなんだ、そういうことでは何を言っても無駄だ』なんて言う。私はただ、話をじっと聞いてほしいだけなのに」

「今までクズみたいな男たちばかりと付き合ってきたので、ようやく信頼できるすてきな男性に出会えたと思いました。でも、結婚して五年になるころ、彼がポルノやのぞき部屋好きだということが分かったんです。がっかりでした。まったく理解できませんでした」

「魔法の杖があったら、彼の良いところはそのままにして、悪いところだけ消してしまいたい」

調和のとれた男

「ナイスガイ症候群克服セラピー」のグループへ参加した男たちのひとり、ジルは五〇代前半の感じのいい人間です。何かの会に参加することには妻も賛成してくれているという話でした。ただ彼はひそかに恐れていました。「ナイスガイ症候群克服セラピー」というこのグループの名前を知ったら、妻は「ナイスガイであることをやめて、ろくでなしになろう」という意味だと誤解するのではないか。彼はそう思っていたのです。男がナイスガイであることをやめ、「ナイスではない」男になることを応援する女などいるだろうか……。いかにも典型的なナイスガイらしい疑問です。

ナイスガイたちは物事を黒か白かで判断しがちです。彼らにとってナイスであることの反対は、「ろくでなし」か「最低の男」になること以外にありません。私はナイスガイたちに、クレイジーの反対が必ずしもまともであることではないように、ナイスガイの反対も「最低の男」になることではないと繰り返し言ってきました。

「ナイスガイ症候群」を克服することは、まったく反対方向へ行くことではありません。効果のないナイスガイ的パターンから自由になることは、「ナイスではない」男になることではなく、「調和のとれた」男になることなのです。

調和のとれた男になることは、自分の全側面を受け入れることを意味します。調和のとれた男は、ほかの誰でもない自分という人間を構成するすべてを受け入れます。自分の力、我の強さ、勇気、情熱、そして自分の不完全さや過ちなどの暗い側面も、すべて受け入れるのです。

調和のとれた男は、例えば次のような属性の多くを備えています。

- 自分は自分という意識をしっかり持っている。自分はありのままでいいと思っている
- 自分が望むものは、自分の責任で手に入れる
- 自分の男らしさや性的能力に自信がある

・首尾一貫している。正しいと思ったことをやり、その場しのぎのことはしない
・リーダーシップがある。大事だと思う人たちに手を差し伸べ、守る力を持っている
・明快で単刀直入。自分の感情を率直に表現できる
・おせっかいを焼いたり、むやみに肩入れしたりせず、広い心であたたかく見守ることができる
・自分は自分、人は人という境界線を引くことができ、必要なら争いごとも恐れない

調和のとれた男は、完璧を目指したり人から認められようと思ったりすることはありません。欠点も含めて、あるがままの自分をすべて受け入れ、自分は完璧なまでに完璧ではないという事実を受け入れるのです。

ナイスガイから調和のとれた男への変身は、善良な人間になろうとさらに頑張ることで果たせるものではありません。「ナイスガイ症候群」を克服するには、自分や自分を取り巻く世界について今までとはまったく違う見方をする必要があり、今までの自分の思考パターン、つまり「パラダイム」を完全に変える必要があるのです。詳しくご説明しましょう。

パラダイム（思考パターン）とは何か

パラダイムとは、人生という旅の導き役となるロードマップのようなものです。誰もがそうした

ロードマップを使っており、誰もが自分の使っている地図は最新で正確なものだと信じています。

パラダイムは、多くの場合無意識レベルで働いて、私たちの態度や行動を決定しており、私たちが人生で経験するさまざまなことを、フィルターのようにふるいにかけます。自分のパラダイムに合わないデータは、ふるいで選り分けられて排除され、私たちの意識には上がってきませんが、自分のパラダイムに合う情報には自分独自の考え方を支持する情報を加えて強化するのです。

パラダイムはロードマップのように、人生の旅路をスイスイ進んでいくための強力なツールとなりますが、そのロードマップが最新ではなく不正確であれば、私たちは間違った方向へ導かれ、同じところをぐるぐる回るばかりで先へ進めないことになります。そうなると、正しい方向に進もうと躍起になる一方で、不満もどんどん募っていきます。古く不正確なパラダイムに従っている本人は、自分の行動は間違っていないと確信しているのに、周りの人たちにとっては、いったいどうすればそんな行動ができるのか不思議でならない、という事態も起きてきます。

こういう思考パターンの多くは子供時代、純真で無力な時期に形づくられ、多くの場合、子供時代に経験したことについての不正確な解釈が基盤になっているのですが、無意識下で形成されるので、検証も更新もされないままです。残念ながら、そうしたパラダイム、つまり思考パターンは、けっして正確なものではないのに一〇〇％正確なものという前提で使われていくことになるわけです。

無力なナイスガイ的思考パターン

例えばナイスガイはいつもこんなふうに物事を考えます。

「もし自分の欠点を隠すことができ、人が私にこうあってほしいと望む人間になることができれば、私は愛され、望むものを手にし、悩みなき人生を送れるはずだ」

そしてこの方法で効果が得られなかった場合でも、ナイスガイが思いつく次善の策はひとつだけ。「もっと頑張ろう」しかありません。

ナイスガイは行動の結果がうまくいかないときも、それを認識するのに時間がかかる一方、やっと認識できても驚くほどすぐに忘れてしまいます。効果がないことが何度も証明されているのに、子供時代から無意識下で刷り込まれている考え方なので、違う方法を試すことなど論外。あくまで自分の信念にしがみつきます。ナイスガイたちにとって、今までのやり方ではうまくいかないことがはっきりしていても、別のやり方を試してみようと考えることは困難なのです。

この章のはじめに、妻のヘザーとの性生活がうまくいっていないジェイソンのことをお話ししましたが、彼の抱える不満は、効果のないナイスガイ的思考パターンがもたらす事例の典型でしょう。ジェイソンの父親は支配的な完璧主義の人物で、ジェイソンやきょうだいたちに無理難題を突きつけていました。この父親にとって、すべてをうまくやるための正しい道はただひとつ。自分のやり方しかありませんでした。母親は依存心が強く、子供がすべてという女性でした。自分が困ったときには子供を頼りにするのに、子供が困っているときにはオロオロするばかりで何もできないという母親だったのです。

そうした幼年期の経験を乗り越えるために、ジェイソンの心の中では、次のようなパラダイム（思考パターン）が形成されていきました。

- 物事をきちんとやる方法を考えれば、父から認められ、父から非難されずにすむだろう
- 母親が困っているときは、優しく見守ってあげれば、自分が困っているときに力になってくれるだろう
- 目の前の問題を乗り越えれば、愛され、認められるだろう
- 自分のミスを隠せば、もう誰からも怒られずにすむだろう

まだ幼く、純真で無力だったジェイソンには、何をやっても父の期待に応えることなどありえないということが理解できませんでした。また、どれほど思いやりをもって接しても、心のゆとりがない母親が彼に愛情を注いでくれることもありえませんでした。すべてをきちんとやる方法など、実のところないのだということも分かりませんでした。だから、自分の欠点をどれほど上手に隠しても、彼は怒られっぱなしだったのです。

そんな子供時代のロードマップは、結局のところ彼が望んだ方向へ導いてはくれなかったのに、

それでも彼は、もっと頑張って同じことを繰り返すこと以外、対策を思いつくことができませんでした。彼のパラダイム、つまり彼の思考パターンでできたこと、それは恐怖感や無力感、不全感などから目をそらすことだけでした。

大人になってからも、ジェイソンは子供のころのパラダイムを妻との関係に当てはめようとします。彼の母親同様、妻も、何か困ったことがあるときだけ彼の話を聞くような女性で、彼の父親のように専制的で文句ばかり言っている女性です。彼はすべてをきちんとしよう、思いやりをもって相手の話を聞こう、面倒を起こさないようにしよう、ミスは隠そうといった子供のころのロードマップを結婚生活に当てはめ、そうすれば、常に妻から認められ、自分が望むときにセックスができ、怒られることもないという幻想を抱くに至りました。でも、そもそもの考え方が間違っているために、どれほど彼が頑張っても、妻が冷たく、文句ばかり言い、相手にしてくれないことに変わりはないという事実や、実のところ彼は妻にそうあってほしいと望んでいるという事実が見えなくなっているのです。自分の考え方が、子供時代と同じく大人になってからも功を奏していないにもかかわらず、彼はもっと頑張ってみること以外の対策を思いつくことができずにいるのです。

今までと違うことをやってみよう

国民的コメディドラマ『となりのサインフェルド』に、ジョージがふだんと正反対の行動をとることで人生を変えてみようと決断する話があります。私のお気に入りのエピソードです。皮肉なことに、何もかも今までと正反対のことをやってみた結果、ジョージは美しい彼女をゲットし、ヤンキーズと仕事をすることができたのです。何もかも今までと正反対の行動をとる。それが「ナイスガイ症候群」を克服するための答えではありません。ただ、いくつか、今までと違うことをやってみるのは効果があります。

本書で紹介する原則に従って、今までと違うことをやってみた結果、恨みがましく、不満たらたらで、無力感に打ちひしがれていた数えきれないほどのナイスガイたちが、積極的で活力にあふれた楽しげな人間に変身していく。過去数年の間、私はそんな例を数えきれないほど目にしてきました。

『サインフェルド』のジョージのように、今までとちょっと違うことをやってみようと決断するだけで、ナイスガイたちには楽しいことが次々と起こるはずです。例えば、私が会ったナイスガイたちは、こんなふうに変わっていきました。

- 自分をあるがままに受け入れられるようになった
- 自分の失敗を価値ある教訓として考えられるようになった
- 人から認められようと思うのをやめた
- 愛情に満ち、深い人間関係を結べるようになった

・自分の望みを最優先にするようになった
・自分の望みをかなえるうえで、喜んで力を貸してくれる人、その力がある人に出会えた
・見返りなどを期待することなく、本心から人のために尽くすようになった
・不安感、恐怖感と向き合えるようになった
・調和のとれた、誠実な人間になった
・他者との間に必要な境界線を引けるようになった
・ほかの男たちと、有意義な関係を結べるようになった
・女性たちと、健全で満足度の高い関係が結べるようになった
・自分の感情を把握し、表現できるようになった
・さまざまな問題と真正面から向き合えるようになった
・深く、満たされた性的関係を結べるようになった
・日々の生活の中でいくら面倒なことがあっても平静を保てるようになった

助けを求めよう

ナイスガイたちは、何もかも自分ひとりでできなければならないと思い込んでいます。誰かの助けを借りるのが苦手で、自分の不完全性や弱さを示すものはすべて隠そうとします。「ナイスガイ

症候群」を克服するには、このパターンを正反対にすることが重要です。自分自身をさらけ出し、信頼できる人の助けを受け入れることが大切なのです。そのためには、克服したい本人が、克服に力を貸してくれる人を探すことが必要となります。

私がナイスガイたちに勧めているのは、セラピストやセラピーグループ、12ステッププログラムの実践グループ、宗教的指導者、あるいは親しい友人とともに克服プロセスを開始することです。またナイスガイたちは女性たちから認められたいと思っていますので、克服プロセスを一緒に開始する相手を男性にすることも、私は強く勧めています。ナイスガイたちの中には、「信頼できる人」とナイスガイとは同じ性質の人間なのではないかと言う人もいますが、私はとにかく信頼できる人を見つけるよう勧めています。

私は、これまで何年にもわたって「ナイスガイ症候群」克服のための男性セラピーグループの集まりを開いてきました。私自身が「ナイスガイ症候群」を克服した過程では、「12ステッププログラム」とセラピーグループの中で最も有意義な気づきを得ることができました。セラピーグループの助けを借りなくても克服することはできるでしょう。ただ、克服しやすくなるという意味で、私はグループセラピーが最も効果的な手段であると確信しています。

克服するための行動

もし、あなたやあなたの愛する人が、ここまでお話ししてきたことに当てはまるようなら、どうか最後まで読んでください。本書では、「ナイスガイ症候群」の悪影響から脱却するための実際的で効果的な方法をご紹介しています。これまで、数えきれないほど多くの男たちが、このプログラムで成功しています。あなたにも、あなたの愛する人にも必ず効果があるはずです。

克服プロセスをより効果的に進められるよう、本書では「こうして克服！」というコーナーをいくつも設けています。

そうした具体的行動を実践すれば、「ナイスガイ症候群」の克服に不可欠なパラダイムの修正、つまり思考パターンの修正を簡単に実現できるはずです。また、自分の思考パターンがどうして生まれたのかを理解し、もっと正確で新しい思考パターンに置き換えることができるようになります。

そして、克服プロセスにあるナイスガイたちが今までと違ったことをやってみる、その方向性も分かってくるはずです。

1 こうして克服！

「ナイスガイ症候群」克服に手を貸してくれそうな、頼りになる人やグループの候補を書き出してみよう。

誰も思いつかないようなら、電話帳などでカウンセラーや支援グループを探し、この章を読み終えたらすぐに電話をしてほしい。あなたがサラリーマンで、会社に従業員支援プログラムのようなものがあれば、それを利用するのも手だ。今までセラピーを受けたり、支援グループに参加した経験のある人がいたら、話を聞こう。インターネットで「12ステッププログラム」「支援グループ」を検索することもお勧めする。

2 こうして克服！

特にそうしなければならない理由もないのに、自分を否定したり、自分のことを隠したりして、本当の自分とは違う人間になろうとする。そんなことに意味があるのかどうか、時間をとって真剣に考えてみよう。あなたやあなたの周りに、そんな行動をとっている人はいないだろうか？

❗ アテンション

本書にご紹介する行動を実践する際、次の二つに注意してください。

一．克服プログラムは、洋服の試着でもするかのように、合わなければやめればいいというものではない。ナイスガイたちが信じ込んでいること――愛されるにはどうすべきか、望みのものを手に入れるにはどうすべきか、平穏に暮らすためにするべきことは――など、すべての思い込みを変革するプログラムだからである。「ナイスガイ症候群」を克服するには、考え方も行動も根本から変えなければならない。「ちょっとだけ試してみよう」程度では、かえって無用の苦しみを招くだけである。

二．「ナイスガイ症候群」の克服は、現在の人間関係を大きく変えることを意味する。もしあなたが誰かと親密な関係にあるなら、相手にも一緒に本書を読んでもらいたい。本書のプログラムは、あなたも、あなたと一緒にいる人にも大きく影響をおよぼす。あなたが変わることについて相手が協力的だったとしても、当初は戸惑ったりおびえたりするかもしれない。しかし、本書を一緒に読んでもらうことで無理なく変わっていけるだろう。

これまで話してきたことに思い当たるふしがあるようなら、どうか続きを読んでください。次章からは、「ナイスガイ症候群」を克服し、理想的な恋愛関係、理想的な人生を手にするために役立つ具体的な方法をご紹介していきます。

第2章

ナイスガイが生まれる理由

前章の最後のほうで、私はこんな質問をしました。「特にそうしなければならない理由もないのに、自分を否定したり、自分のことを隠したりして、本当の自分とは違う人間になろうとする。そんなことに意味があるのか」

「ナイスガイ症候群」をあらゆる角度から分析してきた結果からすると、この疑問に対する答えはただひとつ。子供であれ大人であれ、その男にとって、「ありのままの自分でいては安心できない。ありのままの自分など受け入れにくいから」です。ナイスガイになることは、ありのままの自分でいては不安で、ありのままの自分でいるわけにはいかない状況に対処するための手段だったのです。さらに言えば、ありのままの自分とは別の人間になることで自分を犠牲にしてしまう、その根源にあるのは「ありのままの自分でいることは悪いこと、危険なことだ」という思い込みです。

人格が形成される子供時代、ナイスガイたちは家族や環境から「ありのままの自分でいることとなど安全ではないし、受け入れてはならないし、望ましいことではない」というメッセージを受け取っている。これが本書の大前提です。

ではナイスガイたちは、どのような経緯でこうしたメッセージを受け取り、なぜ今まで紹介してきたような行動をとるようになったのか。この章では、家族や社会環境によって純真無垢な少年が、「愛されるためには『善い人間』にならなければならない」と信じ込む男に変わっていく、その道筋をたどってみることにします。

見捨てられたくない子供たち

生まれてから五歳ぐらいまでの間は人生で最も感受性が育まれる時期で、子供の人格は、この数年間に育った環境から大きな影響を受けます。考え方のパラダイム、つまり「思考パターン」が形成されるのもこの時期で、この時期に最も強い影響をおよぼすのは、多くの場合家族や親戚などです。ですから、「ナイスガイ症候群」の原因を探るには、この時期から検証しなければなりません。

ここで、子供には二つの大きな特徴があることを確認しておきましょう。ひとつめは、この世に生まれ落ちた子供がまったく無力な存在だということ。赤ん坊は、自分の望みを周囲に分かってもらい、最適のタイミングで、しかも適切なかたちでかなえてもらわなければなりません。完全に周囲に依存しているので、赤ん坊は放っておかれるのがいちばん怖い。それは死を意味するからです。

二つめは、子供が自分中心的な存在だということ。子供は、自分が世界の中心、世界は自分を中心に回っていると考えます。ですから、自分の周囲に起こることの原因は自分にあると考えます。見捨てられることを恐れ、自分中心的に物事を考える。この二つが、あらゆる子供の強力な行動原則です。どんなかたちであれ、自分が見捨てられたと感じる経験をすると、子供はその原因が自分にあると考えてしまいます。子供が見捨てられたと感じる経験とは、次のようなものです。

- おなかがすいているのに、誰も食べ物をくれない
- 泣いているのに、誰も抱きしめてくれない
- 寂しいのに、誰も自分のことを気にかけてくれない
- 親に怒られる
- 親から無視される
- 親から、できそうもないことを期待される
- 親が自身の望みをかなえるために、自分を利用する
- 親からののしられる
- 親から叩かれる
- 親から望まれていないように感じる
- 親に置き去りにされ、必要なときに戻ってきてくれない

子供が生まれ落ちた世界は必ずしも完璧ではありませんし、親も完璧であるとはかぎりませんので、あらゆる子供たちがこうした経験をしているはずです。こうしたつらい出来事が自分のせいだと信じ込んでしまうのは、もちろん正しい解釈ではありませんが、子供たちにとってそれ以外に周囲のことを理解する手立てがないのです。

過度な自己否定志向

見捨てられたと感じる経験をして、それを自分中心的に解釈する。これによって一部の子供たちは、今の自分を受け入れず、今のような自分のままでいないほうがいいと考えるようになります。そして、自分自身に何か悪いところがあって、そのために大事な人たちから見捨てられるのだと信じるようになります。自分が見捨てられる原因が、自分ではなく、自分の望みを知り、かなえてくれるはずの人たちにあると理解する術を知らないからです。

見捨てられたと感じる経験について、単純で自分中心的な解釈をしてしまうことによって、「ダメ人間コンプレックス」とでも言うべき心理状態ができあがります。「ダメ人間コンプレックス」というのは、「自分は生まれつきダメな人間で、欠点だらけで、人とは異質で、愛されにくい人間だ」と信じ込んでしまうことです。自分が悪いことをした、ヘマをしたと信じ込んでしまうだけでなく、自分はダメな人間だと心の底から信じ自分を否定している状態のことです。

生き延びる技術

このように、見捨てられたと感じる経験をして、それに誤った解釈をしてしまう結果、子供たちはこれから生きていくためのサバイバル戦略を考え、次の三つが役立つのではないかと思うようになります。

①見捨てられたことで生じる苦痛の軽減を図る
②同じようなことが二度と起こらないように対策をとる
③心の中で形成された「自己否定志向」、あるいは自分で決めつけた自分のダメな点を、ほかの人に知られないようにする

子供たちは、この三つの目標を達成しようと、ありとあらゆる方法を考えだすのですが、いかんせん洞察力も経験も知識も限られていますので、思いついたサバイバル戦略は往々にして効果がなく、ときとして理にかなわないものとなります。見捨てられているように感じ、寂しい思いをしている子供が、何とか親の気を引こうと、わざと困らせるようなことをしたりするのが、その例です。

怒られたり苦痛を与えられるのが分かりきっていることをやってしまうのは理にかないません。でも、見捨てられて寂しい思いをするぐらいなら、怒られたほうがマシなのです。

「周りは自分にどういう人間であってほしいと思っているのだろう」「たぶんこういう人間ではないか」と考え、自分で考え出した「善い人間」になろうとする。人生の筋書きは数多くあるにもかかわらず、幼いころから見捨てられた感覚を経験し、心の中に恥の感情と自己否定志向を形成してきた少年は、そうした筋書きしか描けなくなるのです。

「ナイスガイ症候群」の起源

ナイスガイたちのさまざまな行動を研究し始めた当初、私はそれぞれの事例をどう総括すればいいのか考えあぐねていました。私自身かなり裕福な家庭に育ち、とてもよい人生を送っていると思い込んでいましたので、私と同じような条件で育ったナイスガイたちが厄介な心の状態や行動パターンに陥っている、その原因をなかなか見抜くことができずにいたのです。

ナイスガイたちは、子供時代のことを尋ねられると、たいてい「完璧な家庭」「申し分のない家庭」「テレビのホームドラマに出てくるような家庭」で育ったと答えます。にもかかわらず、彼らはいつのまにか自分の欠点を隠し、「周りの人たちはこう望んでいるはず」と自分で決めつけたタイプの人間になろうとしています。そうした行動の特徴から分かるのは、少年期のごく早い時点で、人生や周囲の環境が彼らにとって理想的なものではなくなってしまったということです。

前章で紹介したジェイソンやホセ、そしてこれから登場するアランは皆ナイスガイで、子供時代の経験はそれぞれ異なりますが、ナイスガイ、つまりいい人でありたいという筋書きが大人になってからも続いている点で共通しています。それぞれ違う人間ながら、子供時代に「ありのままの自分でいてはまずいらしい」という確信が形成されたという点は共通しているのです。「過度な自己否定志向」が形成された結果、この三人は、人から認められたい、欠点は隠そうという思考パターンをつくってしまいました。そして三人とも「人から愛されたい、望むものを手にしたい、悩みなき人生を送りたいのであれば、そうした人生の方針が不可欠だ」と信じるようになったのです。

アランのケース

アランは母子家庭に育った長男。母親を困らせたことなど一度もないのが誇りだ。子供のころから勉強も運動もよくできたので、自分はきょうだいたちとは違う、母親にとって自慢の子なのだと信じて疑わなかった。家族のなかで大学の学位を取ったのも彼が最初で、それも自分は特別なのだと考える理由になった。

父親は暴力的なアルコール依存症で、アランが七歳のときに家を出た。ごく幼いころから、アランは父親とは一八〇度違った人間になろうと心に決め、我慢強く、寛大で落ち着いた人間になれたことを誇らしく思っている。とにかく父親のように怒りっぽく口うるさい人間にならないよう懸命に努力し、教会では少年部のリーダー役を立派に果たし、一〇代で酒を飲んだりドラッグに手を出したりするようなこともなかった。

母親は熱心なキリスト教徒で、「悪事を働けば、死後地獄の業火に焼かれる」と説くような原理主義的な宗派の教会にアランを通わせていた。そのせいで彼は、誰もが抱くような考え方や衝動は罪である、皆と同じような行動をとれば「罪びと」になってしまうと信じるようになった。善きクリスチャンであろうと日ごろから努力してきたものの、心の中では「いつか間違いを犯してしまうのではないか、そのせいで未来永劫罰せられるのではないか」という不安にいつも脅かされていた。

アランは母親のことを聖女だと信じていた。子供のためには何でもしてくれるし、子供たちの話にも熱心に耳を傾け、非難がましいことは一切言わなかった。アランと母親は、父親が重ねた数々の「悪業」のことを哀れみながら、よく語り合った。

母親は事あるごとに、息子たちを父親とは違う人間に育てようとどんなに努力してきたか、という話をした。思いやりがあって穏やかで、女性を尊重する大人になってほしい。それが彼女の望みだった。大人になってからも、アランは母親のもとをしょっちゅう訪れ、母親を楽にするために、できることはすべてやっている。

ジェイソンのケース

第一章で紹介したジェイソンは、「テレビのホームドラマに出てくるような家庭」で育ったと思っている。ところが実際のところ、両親は必ずしも子供たちを大事に思っていたわけでもなさそうである。ジェイソンは「理想的な子供時代」と言ったが、両親は、自分たちの望みをかなえるために子供たちを利用していたのだ。

ジェイソンは両親のことを「完璧」な存在だと信じていたが、彼の話からすると、厳格で過保護な親だった。親に守られて育ち、性的なことも何ひとつ教えられなかったので、正直なところ息苦しかったと、彼も認めている。

父親は何から何まで家庭を仕切るタイプで、今もなおジェイソンの生活に何かと口を出してくる。ジェイソンは父親と一緒にカイロプラクティックの施術業を営んでいるが、どういう家を買うべきか、どういう車に乗るべきか、どういう教会に入るべきか等々、いちいち指図してくる。

ジェイソンは、母親を「愛にあふれたすばらしい女性」だと言う。母親はいつも子供と過ごしていて、友人と呼べる人がいなかった。そのせいで彼女は、本来なら友人との間で育まれる関係性――お互いの存在価値を認め合うような関係性を子供に求めていたふしが見られる。

ジェイソンには、両親が仲睦まじくしていたという記憶がない。両親が愛し合っている場面など想像もできず、三人も子供をもうけたことが不思議でならなかった。家族で遊びに行ったり何かをすることはあっても、両親が二人だけで外出するとか旅行に出かけたという記憶はまったくない。

彼は大人になってからも、両親によって形づくられた完璧な人間のイメージに従って暮らしている。彼の行動はすべて自分を善い人間に見せるために計算されたものだ。善き夫、善き父親、善きキリスト教徒、善き施術者。彼は常にそういう人間でありたいと真剣に考えているが、「いくら努力しても、両親には追いつけない、欠点だらけの人間だ」という思いから抜け出せずにいる。

ホセのケース

ホセはコンサルタントとして成功しているが、人と親密な関係を結ぶことに恐れを抱いていた。学歴もかなり高く、ストレスの多い仕事を精力的にこなし、体を動かすのも好きで、気晴らしにバイクの遠乗りや山登りに出かける。怒りは押し殺し、人を怒らせるようなことは一切言わないようにしていた。自分のことは専制的な人間だと思うが、自分にとっていちばんの薬が「認められること」だという自覚もある。ホセには依存心の強い女性に惹かれる傾向があり、とりわけ近親相姦で深い傷を負った女性に惹かれるのは、自分でも興味深いことだと思っている。現在の恋人との関係が続いているのは相手の経済状態が心配で、自分がいなくなったら彼女はやっていけないのではないかと思っているからだ。

彼は大きな問題を抱えた家庭で育ったことを率直に語ってくれた。労働者階級の家庭に生まれた七人きょうだいの上から二番め。一四歳になるころには弟や妹たちの親代わりになっていた。家の中はとにかく混乱状態で、そうした状態がもたらす悪影響から弟や妹たちを守ることが自分の役割だと思っていた。

彼にとって、父親は怒りっぽく虐待の傾向もある支配的な人間だった。息子たちを大声で怒鳴りつけてあれこれ指図し、娘たちには性的に虐待した。母親は躁うつ病で、気分の浮き沈みが極端に激しいのに投薬治療は受けていなかった。躁状態のときは家じゅう隅々まで片づけたり、面白い政治家のことや近所のことを話し続けたり、後先も考えず男性関係に走ったりする。が、ひとたびうつ状態になると窓という窓を閉め切り、家事など一切せず、自殺すると言っては家族を困らせていた。ホセが一五歳のころ、中から鍵がかけられた部屋のドアを彼が壊し、弾が込められた銃を母親の手から取り上げるという事件もあった。自殺すると言い続ける母親の姿に、七人の子供たちは恐れおののくしかなかったが、それが彼の家では普通のことだった。

ホセは、そうした家庭の中で自分だけは立派な人間になろうと懸命に努力した。その結果彼は一家の誇りとなり、何か困ったことがあるとみんなが彼に頼るようになる。ビジネスコンサルタントとしてさまざまな混乱を収めてきたが、人間関係における彼の役割もまた混乱を収めることにある。彼の人生の筋書きには混乱が必要だった。それがなければ仕事がなくなるからだ。

ホセは、自分が生まれながらに持っている知性や働き者という性質、問題を解決する能力を「神から与えられた贈り物」と考えた。こうした特質ゆえに問題だらけの家庭から抜け出し、立身出世することができたのだ。さもなければ、自分は両親やきょうだいたちのようになってしまったはずだ。彼はそう信じている。

ナイスガイたちの共通点

アラン、ジェイソン、ホセの子供時代の経験はそれぞれ大きく異なりますが、人生の指針となる筋書きは共通しています。経緯こそ違うものの、三人とも「今ある自分のままではまずい」という確信を心の奥底に秘めており、人生をうまく乗り切れるかどうかは、今の自分とは別の人間になれるかどうかにかかっていると考えているのです。それぞれに違う人生から共通点を見つけ、三人の男たちがどのようにして、きわめてよく似たひとつの人生のパラダイム、つまり思考パターンを形成するに至ったのかを理解するために、この章のはじめに紹介した子供の特徴をもう一度確認してみましょう。

- 生まれ落ちた子供はまったく無力
- 子供は見捨てられることを最も恐れる
- 子供は自分中心的な存在
- 子供は、自分の望みがタイミングよく適切なかたちでかなえられないときに、見捨てられたという思いを抱く
- 見捨てられたという思いを経験した子供は、その原因が自分にあると考える
- そうした誤った解釈から、「自己否定志向」、つまり自分は「ダメ人間」だという思い込みが生

まれる

- 子供は、見捨てられたと感じる経験を克服し、そんな経験を二度とすることがないよう、また自分の「ダメなところ」を自分自身や他人から隠そうと、サバイバル戦略を練る
- 子供ならではのそうしたサバイバル戦略には、子供が生まれながらにして持つ無力感や、自分自身と周囲の世界についての単純な見方が反映している

純真無垢な子供からナイスガイへ

こうした原理は、アラン、ジェイソン、ホセはもちろん、本書に登場するほかのナイスガイ一人ひとりに当てはまります。純真無垢な子供からナイスガイになっていく過程には三つの段階があります。見捨てられる段階、恥の感情を持つ段階、そしてサバイバル戦略を立てる段階の三つです。

見捨てられたと感じる段階

ナイスガイたちが皆そうであるように、アランもジェイソンもホセも、それぞれの立場で自分が見捨てられたと感じていました。

アランとホセは、怒りっぽく、何かとうるさい親との関わりのなかで、「今のままの自分でいるのはまずい」というメッセージを受け取ります。

アランは母親を崇拝していましたが、アランが父親からガミガミ言われているときに、母親が間に入ってくれることはありませんでした。そんなときアランは、自分が守られる価値のない人間だと思ったかもしれません。でもアランは、母親に善い人間だと思ってもらい、愛してもらうには、父親と違う人間にならなければならないと確信するようになりました。

アランとジェイソンは両親から利用され、物のように扱われていたともいえます。この二人は、物事を「きちんと」行うこと、問題を起こさないことに価値を見い出しました。両親の期待どおりにしていれば愛されるということを学んだのです。

ジェイソンは両親のことを「完璧」だと確信していたので、自分のことはいつも、両親と比べたら欠点だらけで行き届かない人間だと感じるようになりました。

ホセの両親はどちらも、子供たちを導いたり、あたたかく見守ったり、力になったりすることがありませんでした。ホセとしては「親にとって自分は、ほとんど、もしくはまったく価値のない存在なんだ」と思うしかなかったのです。

アランとジェイソンは、原理主義的なキリスト教の教えの下で育てられました。この宗派は完璧であること、罪を犯さないことを何より重んじ、それに背けば未来永劫にわたって罰せられると教えていました。ホセは、自分が価値ある人間になるには、どうしようもない家族と違う存在になるほかはないと信じるようになります。

アラン、ジェイソン、ホセ。この三人は皆、自分の望みより他人の望みのほうが重要だと信じていました。子供にそう思わせてしまうのは、ナイスガイを生む家庭に共通する特徴です。こうした経験を経て三人は見捨てられたような気持ちになり、見捨てられないためには「今のままの自分ではいけない」と思うようになったのです。

恥の感情を持つ段階

見捨てられる、無視される、ののしられる、利用される、息苦しい思いをさせられる、疎んじられる、服従させられる、物のように扱われる……。その経験内容はさまざまですが、ナイスガイたちは皆共通の思いを胸の内に秘めるようになります。

「今のままでいるのは悪いことで危険なことだ」という思いです。

子供が幸せかどうかなどまったく気にもかけない親なら、そういうメッセージをあからさまに送っていることになります。思いやりのある親でも、若すぎたり、自信がなかったり、注意散漫だったりすれば、子供たちをあたたかく見守る環境を整えてあげられないので、結果的にはそうしたメッセージを送ってしまうことになります。また誰のせいでもない状況で、本人たちがそう感じてしまうこともあります。

いずれの場合でも、本人は「そうした出来事や状態を招いてしまったのは自分が悪いからだ、自分に原因があって、そうなってしまったのだ」と思い込むようになるのです。いかにも子供らしい論理によって、「こういうことになったのは、僕に悪いところがあるからに違いない」と結論づけてしまうのです。「こういうこと」とは、例えば次のような事態です。

- 僕が泣いているのに、誰も来てくれない
- ママがまた、いつものあの顔になっている
- パパが出て行って、帰ってこない
- 何から何までママが僕の世話をしなければならない
- パパが僕を怒鳴りつける
- 僕はママやパパのように完璧な人間ではない
- ママをハッピーな気持ちにしてあげられない

また、こうした子供時代の出来事によって、「こうすれば、善い子になれる、愛される」と思い込むようになります。「こうすれば」の例は次のとおりです。

- 僕がパパとは違う人間になれば
- ママが僕を必要としてくれれば
- 僕がミスをしなければ
- 学校の成績がよくなれば

・僕が楽しそうにすれば
・僕がきょうだいとは違う人間になれば
・誰にも迷惑をかけないようにすれば
・ママやパパを喜ばせられれば

サバイバル戦略を立てる段階

子供時代に見捨てられた気分を経験したり、そういう経験について誤った解釈を加えてしまった結果、ナイスガイたちは皆、今後はこう生きていこうというサバイバル戦略を立てることになります。その戦略によって、ナイスガイたちは、彼らにとってとりわけ大切な以下の三点を実現しようとします。

・見捨てられた経験が引き起こす苦痛や恐怖を克服する
・見捨てられた経験を二度としないようにする
・自分にも周りの人たちにも、内なる「ダメ人間コンプレックス」を隠す

ナイスガイたちの場合、これらのサバイバル戦略は、次のような思考パターンを形成します。

「もし、自分の欠点を隠すことができ、周りの人たちがこうあってほしいと望んでいるような人間になれれば、周囲から愛され、望みのものを手に入れ、悩みなき人生を送ることができる」

大人になったナイスガイのガイドとなり、すべてをコントロールするのは、子供時代に形成されたこのロードマップなのです。子供時代の経験についての誤った解釈に基づいているとしても、ナイスガイたちのロードマップはこれしかありません。ナイスガイたちは、このマップを正しいものだと信じており、これに忠実に従えば、順風満帆、ハッピーな人生を送れるはずだと思い込んでいます。まあ、往々にして、ナイスガイたちの人生はこの筋書きどおりには展開しないのですが、この筋書きが有効でないことが分かったとしても、今まで以上に頑張れば違う結果が出るはずだと期待してしまうのです。

ナイスガイの二つのタイプ

ナイスガイが、見捨てられた気持ちになった子供時代の経験や、内なる「ダメ人間コンプレックス」に対処するためのサバイバル戦略は、多くの場合二つのかたちをとって表われます。ひとつは、ナイスガイたちが、自分ほど最悪の人間はいないなどと「自虐性」を強調するというかたちです。こういうナイスガイを、私は「自称・最低のワル」タイプと呼びます。

このタイプのナイスガイに言わせると、「自分は誰がどう見ても最低」。子供時代から青年時代、大人になるまでに重ねてきた悪事をいくつでも挙げられることが、彼の確信の根拠です。彼は幼いころ、窓を割って叩かれたという話もすれば、一〇代のころには、法を犯すようなことをして母親を泣かせたといった告白もします。一〇代で煙草を吸い、酒を飲み、ドラッグに手を出したことや、大人になってからの酒にまつわる武勇伝も話してくれます。彼は、そういう自分のワルなところを隠さなければ幸せにはなれないと思い込んでいます。実のところ、隠したところで人からナイスガイと思ってもらえるのか、彼自身に確信はないのですが、そうするほか手だてはないのです。

二つめは「自称・善い人」タイプ。このタイプは「自分は価値のない人間だ」という思いを抑えつけることで「ダメ人間コンプレックス」を解決しようとします。自分は誰も出会ったことがないほどナイスな人間だと思い込み、自分の欠点に気づいたとしても「大した欠点ではない」「簡単に直せる」と考えます。幼いころも周囲に手間をかけるようなことはなく、一〇代のころも万事きちんとこなし、大人になってからも法律に背くことなど一度もありませんでした。無意識レベルの心の奥底に、きっちり密閉できる便利な小部屋があって、自分の「自虐性」はそこに押し込んでしまい、自分は善いことをしてきたので善い人間になったという確信によって恥の感情を覆い隠しているのです。

この二つのタイプのナイスガイは、「過度な自己否定」の扱い方に違いはあるものの、人生についての思考パターンは共通しています。ナイスガイたちは皆、あるがままではいけないと信じ、だからこそ、欠点を隠し、「人は自分にこうあってほしいと望んでいるのではないか」と勝手に決めた人間にならなければならないと思い込んでいるのです。

ナイスガイたちに自分の心の歪みを知ってほしいので、あえて極端な二つの例を挙げてみましたが、実はどちらも、自分で思いたがっているほど悪い人間でもなければ、善い人でもありません。彼らは、子供時代の出来事を誤って解釈したことで生じた思い込みに操られている、傷ついた心の持ち主にほかならないのです。

3 こうして克服！

少年が自分の欠点を隠そうとし、周囲から認められたいと思うようになる、そのすべての要因を調べることは不可能だ。またナイスガイたちが不安になったり、「自分はダメ人間だ」と感じる原因をひとつひとつ明らかにする必要もない。ただ、これまでのカウンセリングから、そういう人生の筋書きがどこで生まれたのかを少しでも理解できれば、筋書きを変更するうえで役に立つことははっきりしている。

アラン、ジェイソン、ホセの生い立ちをもう一度読んでみてほしい。そして、彼らの物語があなたの子供時代の経験と似ているところがあるかどうか、考えてみてほしい。また、今の自分――ありのままの自分でいてはまずいと思うきっかけになった家庭内での出来事を書き出してみよう。さらに、その経験をカウンセラーなど信頼できる人に話してみよう。話しているときに、自分がどういう気分になるかも意識し、それを相手に伝えてほしい。

この対処法の目的は、誰かを責めるのではなく事実を確認することにある。誰かを責めようとすれば、そのときの感情にとらわれて前に進めなくなる。その代わり、子供時代の経験を確認すれば、誤って受け取ったメッセージを修正し、正しい筋書きに変更することができるのである。

ベビーブームと感受性豊かな男たち

子供というのは、さまざまなかたちで見捨てられた気分を経験するものです。そして、そうした出来事をどう解釈し、どう反応するかもさまざまで、ナイスガイになるのも、そのさまざまな反応のひとつです。ただ、今までお話ししてきたような子供時代の経験だけがナイスガイを生んだ要因なのかというと、どうもそうではなさそうです。それだけでは、私がこれほど数多くのナイスガイに出会う、その説明がつかないからです。

間違いなく、いつの時代もナイスガイはいたはずです。いつの時代も、ホームドラマに出てくるような、善人なのにいつも損ばかりしている人、うまくやろうとしているのに失敗ばかりしている人がいたはずですし、マザコン気味の男の子も、女房の尻に敷かれていた亭主もいたことでしょう。穏やかで物静かな性格に生まれ、穏やかで物静かな大人に育っていく少年たちもたくさんいます。しかし、これまで数知れない男たちを診てきた結果、私はこう考えざるを得なくなりました。つまり、史上まれに見るほど多くのナイスガイたちが生まれてきた要因は、この半世紀に起こったさまざまな社会変化の影響にあるのではないか、ということです。

世に蔓延する「ナイスガイ症候群」について理解を深めるには、二〇世紀初頭にかけて始まり、第二次大戦後に加速した一連の社会変化について考える必要がありそうです。例えば以下のような変化です。

- 農業中心の経済から工業中心の経済への移行
- 地方から都市部への人口流入
- 家庭における父親の存在感低下
- 離婚、父子家庭、母子家庭の増加
- 女性主導の家庭教育
- 女性解放、フェミニズムの台頭
- ベトナム戦争
- 六〇年代後半から七〇年代初頭の「性的革命」

これらの出来事が重なりあったことで、この時代に育ったアメリカの少年たちに深甚な影響を与えました。こうした社会的変化から以下のような三つの大きな流れが生まれ、それがベビーブーム世代に「ナイスガイ症候群」という現象を拡散させたのです。

一．少年たちが父親や模範となる男性から引き離された

その結果、少年たちは世の中の男たちとのつながりが希薄になり、男はどうあるべきなのかが分からなくなってしまった。

二．少年たちが女性に育てられることになった

少年を男へと変えていく役割は、母親や、女性が多数を占める学校教育に委ねられた。その結果、男たちは女性に存在価値を認められることに喜びを感じ、何としても女性から認められたいと願うようになった。

三．過激なフェミニズムが、男は悪しき存在、男は無要と唱えた

過激なフェミニズムのメッセージによって、女性たちから愛されたい、望むものを手に入れたければ女性たちが望むような人間にならなければ、という思いをますます強くした男たちも多いはず。だからこそ彼らは「悪しき存在」というレッテルを張られそうな欠点を隠すようになった。

二〇世紀史のおさらい

そういうわけでここでは、私たちの文化の中にナイスガイが大量出現する、その誘因となった二〇世紀後半の大きな社会的変化について、ざっとおさらいしてみます。

父親不在の社会

戦後、工業を中心とする社会への移行と都市部への人口流入に伴って、父親たちは息子たちからどんどん引き離されていきました。米国の人口統計によると、一九一〇年には全人口の三分の一が地方の農家でしたが、一九四〇年までにはその数は五分の一まで減少、一九七〇年までには九六％の世帯が都市部に住むようになりました。

農業中心の社会では、少年たちは畑仕事を手伝ったりすることで父親たちと強く結ばれていましたし、多くの場合、祖父や叔父、従兄弟などの親戚たちとの関係も親密でした。少年たちには、男とはどういうものかについて模範を示してくれる男たちがいつも身近にいたわけです。少年たちは、父親たちがその父親たちから学んだように、父親たちを見て男であることの意味を学んでいました。ところが戦後、人々が都市部へ移動するようになると、父親と息子の結びつきは急激に弱くなります。父親は朝になると仕事に出かけてしまい、子供と一緒に過ごす時間がなくなってしまったどころか、父親が仕事をしているところを子供が目にすることもなくなりました。

父親の不在は、仕事のせいだけではありません。男たちは仕事だけでなく、テレビやアルコール、セックスなどにも依存するようになり、息子たちからますます引き離されるようになりました。さらに離婚が増えたことで、息子は父親と離れて暮らすようになりました。人口統計によると、一九四〇年から一九七〇年にかけて離婚件数は三倍になり、一九四〇年に五〇〇万程度だった母子家庭は、一九七〇年には約三倍の一三〇〇万世帯に増加しています。

私が診てきたナイスガイたちは、ほとんど皆、子供時代に父親とは親密な関係になかったと話します。父親が働きどおしだった、内向的だった、受け身だった……。理由はさまざまです。そして、多くのナイスガイが父親のことをネガティブな言葉で語ります。横暴だった、かんしゃく持ちだった、いつも怒っていた、いつもいなかった、話を聞いてくれなかった、アルコール依存症だった、女好きだった……等々です。ナイスガイたちが、子供時代のある時点で、父親とは違う人間になろうと自分の意志で決めたとしても何ら不思議ではありません。

父親が不在の時代、父親の役割を担うよう求められるのは母親です。息子を大人の男にするという父親の本来的な役割を母親が引き継いだのです。残念ながら、どんなに立派な母親でも、息子が立派な男として自立するよう教え導くには限界がありますが、それでも母親たちは頑張りました。

一九四〇年代、五〇年代、六〇年代に生まれた男たちがナイスガイになったのは、父親たちに代わって息子たちを大人の男に育てることを担った母親たちに負うところが大きいのではないか。私はそう考えています。その結果、多くのナイスガイが、女性の思い描く男らしさ像を取り込み、女性が決めた男らしさを備えることに安心感を覚えるようになったのです。

女性主導の教育

現代の教育システムもまた、女性が少年を教育するという流れに拍車をかけます。第二次大戦後、少年たちが入った学校の教師は大部分が女性でした。ほとんどの少年が、入学後の数年で女性を喜ばせる基礎を教え込まれることになったわけです。私自身の記憶でも、幼稚園から六年生まで男性の教師はひとりだけでしたが、こうした傾向は全国的なものだと思います。

全米の教師のうち男性は四人に一人。小学校における男性教師の割合はわずか一五％で、その割合はどんどん小さくなっています。託児所から幼稚園、小学校までの段階で、戦後の少年たちは女性たちの中で育てられ、助言する男性の存在はきわめて少なかったのです。少年たちはすでに父親との結びつきがなく、女性を喜ばせるよう訓練されていたわけですが、教育システムがそうした状況を助長することになったといえます。

ベトナム戦争

一九六〇年代のベトナム戦争によって、ベビーブーム世代の少年たちと父親たちとの間に生じた断絶は決定的なものとなります。父親世代によって開始され長期化した戦争に、息子世代が反対するという図式ができあがったのです。第二次大戦を勝ち抜いてきた世代には、息子世代がなぜ責任論などを持ち出し、社会に歯向かうのか、まったく理解できませんでした。

この世代の若者たちは、国内外の問題を銃と爆弾で解決しようとする体制、そして父親たちに対するアンチテーゼそのものとなりました。この反戦運動が、愛と平和を求め、争いを避けようとする新たな世代の男たちを生むことになったのです。

女性解放運動

ちょうどこのころ、多くの女性たちが外へ働きに出るようになり、避妊によって妊娠を調節することで新たな自由を獲得し、女性解放を目指す動きが始まりました。ベビーブーム世代の女性たちの一部は、男女の役割が先々大きく変わっていくことを予見しました。そうした考えを持つ母親たちは、息子や娘を新時代にふさわしい人間に育てようと努めるようになり、息子のことは、とにかく父親と違う人間、穏やかで思いやりにあふれ、女性の望みに気づいてくれる男に育つよう訓練したのです。

一九六〇年代、七〇年代の過激なフェミニズムは、怒りを込めて「男なんてこういうもの」という極端な一般論で男性を語るようになります。例えば一部のフェミニストたちは「男こそ世の諸悪の根源」と主張し、また別のフェミニストたちは「男なんて役立たずのうっとうしい存在でしかない」と主張しました。もちろん、多くの女性たちはそんなふうに感じてはいませんでしたが、一部の怒れる女性たちの声高な主張が、「今のままではいけない」と思う男たちを生むうえで大きな役割を果たしたことは間違いないでしょう。

「男はブタだ」とか「男はみんなレイピストだ」といった、男たちを口汚くののしるスローガンが飛び交った時代です。それほど過激ではなくても「魚に自転車なんかいらない。同じく女には男なんかいらない」程度のスローガンはありました。とりわけ、すでに女性から存在価値を認められなければと考えるよう訓練されていた男たちは、そうしたメッセージに敏感でした。女性たちが望むものは何かと絶えず考え、女性たちが望んでいるとおりの男になって愛されたい、望みをかなえたいと努める傾向を、そうしたメッセージが助長したのです。

軟弱な男と幼い男

『アイアン・ジョンの魂（こころ）』（集英社）の著者ロバート・ブライは、ベビーブーム時代のさまざまな社会的変化が新たな種類のアメリカ人男性を生んだと述べ、そういう男たちを「柔和なオス」と呼んでいます。ブライはこう書いています。

「彼らは、愛すべき、価値ある人間で、私は彼らのような人間が好きだ。彼らは地球を傷つけたり戦争を始めたりすることに興味がない。その生き方、暮らし方のすべてにわたって、人生に対する優しい姿勢がある。だが、こうした男たちの大部分は幸福を感じていない。誰もがすぐに気づくように、彼らには活力が欠けている。人生をあるがままに維持しようとはするが、人生を切り開いていこうというタイプではないのだ。対照的に、こうした男たちと一緒にいる女たちは、力強く、活力をみなぎらせていることが多い。たしかに彼らは父親世代よりは地球環境についての意識も高く、世界の調和を重んじる繊細な若者たちだとは思う。だが、自らが放つ強烈なエネルギーというものに欠けているのだ」

アメリカの社会学者であり作家でもあるカミール・パーリアは、また別の視点から、この半世紀の社会的変化が男と女の役割をどう変えたかについてこう書いています。

「スロットル全開で猛烈に走ってきた女性は、家に戻ると人格を変えなければならない。スロットルを絞らないと、家の中で暴走して家庭を支配してしまいかねないからだ。白人中産階級の女性たちの多くは、このジレンマを、おとなしくて従順な、子供っぽい男を伴侶にすることで解決している。こうした男たちは、潜在的に母親が支配する家庭の中で、もうひとりの息子として機能するからだ」(『ポリティカリー・インコレクト・ディザイアーズ(Politically Incorrect Desires)』)

これらの男たちを「柔和なオス」と呼ぶにせよ「意識の高いニューエイジの男」と呼ぶにせよ、あるいは「ナイスガイ」と呼ぶにせよ、第二次大戦後に起こった社会的変化のなかで、「ありのままの自分ではいけない」という、少年たちがすでに受け取っているメッセージが強化され拡大されたことは確かです。愛され、望むものを手に入れ、円満な人生を送りたければ、自分の欠点を隠し、他者、特に女性たちが望むような人間にならなければならないという彼らの思い込みは、こうした社会的変化によって増幅されたのです。

ただ、私が近年重ねてきた研究から、こうした状況が実はベビーブーム世代にとどまるものではないという現実もはっきりしてきました。今日の二〇代男性、さらには一〇代男性までもが「ナイスガイ症候群」の諸症状を見せているのです。これらの若い世代は、これまでお話ししてきたような社会の流れすべてに影響されているだけでなく、母子家庭や、ナイスガイである父親に育てられたという例が多いのです。本書を書いている時点で、私は第三世代ナイスガイの時代が始まったという気がしています。

結果を出せない男たちの悪しき習慣

これまで紹介してきたような家族や社会の状況によって、ナイスガイたちは、恋愛や人生において自分が望むものを手にすることができず、もがき苦しむことになります。内なる恥の感情や効果の薄いサバイバル戦略のせいで、彼らが頼りにするロードマップはなかなか望みの場所へ連れていってくれません。不満が募る状況です。でも、彼らは何か違うことをやってみようとはしません。彼らの人生の枠組みでは、今までと同じことを繰り返し、もっと頑張ればいい、ということになっているからです。

「今までやってきたことをこれからも続けるのであれば、今までと同じ結果になるだけですよ」

私はナイスガイたちに繰り返しそう言ってきました。これまでつぶさにお話ししてきたようなことを繰り返す以上、ナイスガイたちは、恋愛でも人生でも望むものを手にすることなどできません。つまり、以下のようなことを繰り返していても意味がないのです。

- 人から認められたいと思う
- 自分の欠点やミスを隠そうとする
- 自分の望みより他者の望みを優先する
- 自分の力を他者のために使い、犠牲者的な役割になってしまう
- ほかの男たちとの付き合いや、男としてのエネルギーを発揮することは控える
- とても満足とはいえない人間関係を相手と一緒に構築してしまう
- セックスでは、二人とも満足できないような状況をつくってしまう
- 持てる実力を最大限に発揮できない

この後の七つの章では、いつまでもナイスガイでいることをやめ、これまでと違うことを試してみるうえで最も効果的な方法を紹介します。いずれも効果が確認されているプランですので、ぜひ目を通してください。恋愛で、そして人生で、あなたが望むものを手にするためのスタートを切るべき時は、今なのです。

第3章

自分自身を喜ばせよう

「僕はカメレオンみたいな人間です」

そう明かしてくれたトッドは、三〇歳で独身のナイスガイです。「なぜカメレオンなのかというと、『人は僕にこうあってほしいと思っているんだろうな』という人間に、次々と変身できるからです。頭のいい友人と一緒にいるときは知的な人間を演じて、難しい言葉も使う。母といるときは、非の打ちどころのない愛すべき息子になろうとする。父といるときはスポーツの話をする。仕事仲間といるときは、わざと乱暴な話し方をしたり、カッコよく見せようとしたりする。でもそういう演技の裏で、僕は自分が本当のところどういう人間なのかよく分からないし、本当の自分のことなんか誰も好きになってくれないのではないかと思うんです。人が僕にどういう人間であってほしいと思っているか、そこを見誤ったら、僕はひとりぼっちになってしまうと思います。ただ、これは自分でも笑っちゃうんですが、僕は孤独な思いをしているときのほうが多いんですよね」

人から何とか認められたい。人から認められないという事態は何とか避けたい……。ナイスガイたちは、ほぼ万事、意識的あるいは無意識にそう計算しています。見知らぬ他人から、あまり好きではない人までも含め、ほぼあらゆる人間関係や社会的状況において外からの評価を求めているのです。トッドは心の奥底に秘めた「自己否定志向」のせいで、人からそう望まれていると自分が思い込んだ人間にならなければと考えるナイスガイの典型といえます。

外からの評価を気にしすぎることで、結果としてよく思われる効果的な方法とは真逆のことをしてしまう、その典型的な傾向です。ナイスガイたちは、すべての人を喜ばせようとして、結局誰も、自分のことさえも、喜ばせてはいないのです。

認められたくてしょうがない

ナイスガイたちは、今のままの自分でいてはいけないと信じ込んでいるので、自分は愛すべき人間、価値ある人間であると人に思ってもらい、自分自身もそう確信するために、ありとあらゆる方法を考え出します。外見や才能、知性といった自分自身の特性。愛想よく振る舞ったり、ダンスをうまくこなしたり、必死で働くといった自分自身の行動。さらには、魅力的な妻がいる、可愛い子供がいる、高級車を持っているといった自分以外に関わる特性。それらを駆使して、何とか他者からの評価を勝ち取ろう、認められようとするのです。

人から評価されることをひたすら求めるこうした傾向を、私は「連結」と呼んでいます。ナイスガイたちは、自分のアイデンティティと価値をこうした行動に必ず連結し、連結したセットを使って、人にも自分自身にも、自分が価値ある人間だと思い込ませようとします。ナイスガイたちは、そうした連結を行う以外、どうすれば人から好かれたり愛されたりできるのかが分からないのです。こういう男たちにとって、ナイスガイであることが究極の連結行動となります。自分を価値ある人間に見せ、心の奥底に秘めた「自分はダメ人間」という思いの埋め合わせをするためには、「善い人」であろう、「きちんと」やろうと一生懸命努めることが絶対必要だ。彼らは心からそう信じているのです。

内なる自己否定志向があるせいで、ナイスガイたちが、あるがままの自分でも、ひょっとすると人は好きになってくれるかもしれない、愛してくれるかもしれないなどと考えることはまずありません。自分はダメ人間だと思い込んでいるために、「人がもし本当の私を知ることになれば、私がダメ人間であることがバレてしまう」と考えるのです。「自分はナイスガイ」と信じ込んでいるタイプは自分のことをダメ人間であるとは意識していませんが、歪んだ思い込みを持っている点では同じです。ともかく自分を価値ある存在に見せようと、人から認められそうな物や行動に自分自身を連結してセットにするのです。愛され、望むものを手にし、問題のない人生を送るにはそれが絶対必要だ。彼らはそう考えています。

4 こうして克服!

私は、いくつかの「ナイスガイ症候群」克服グループのメンバーに、人から認められるためにやっている連結行動について尋ねた。以下がその回答の一部である。リストを見て、自分がやっている方法に似たものがあるかどうかチェックしてみよう。ここに例がない場合は、自分のやっている方法を具体的に書き加えよう。そして周りの人が感じた、自分の「認められたい行動」について意見を聞いてみよう。

- □ いつも髪型をきちんと整えている
- □ 自分を賢く見せようとする
- □ 明るく、威圧的でない声で話す
- □ 自分勝手な人間だと思われないようにする
- □ ほかの男とは違うと思われるようにする
- □ 酔っぱらわない
- □ 体型を美しく維持する
- □ 上手にダンスする

□ 優しい恋人であろうとする
□ 腹を立てない
□ 周りの人をハッピーにする
□ 一生懸命働く
□ 車をいつもピカピカにする
□ 身なりを整える
□ 好印象を与えようとする
□ 女性を尊重する
□ 人を攻撃しない
□ 善良な人間に見せようとする
□
□
□
□

ナイスガイたちの「連結」法

キャルは、連結行動を利用して周囲から認められようとするナイスガイの典型です。いつも上機嫌で、いい車に乗り、身なりがよく、可愛い娘と魅力的な妻がいる彼は、そういったことによって周囲から評価されたいと思っています。その中からひとつを取り上げて、彼がどのように周りから認められようとしているかを見てみましょう。

キャルは、一歳四カ月になる娘に可愛いらしい服を着せて一緒に公園に出かけるのが好きです。娘に服を着せている時点でもう、「『すてきなお父さん』になることで、周囲から当然望ましい反応が返ってくるだろう」と無意識に考えており、その反応に自分の価値とアイデンティティを連結しています。娘を連れて歩けば、道行く人が皆娘を見て笑顔になり、「こんな可愛い娘さんがいて幸せね」とか「子煩悩ですてきなお父さんね」といった言葉をかけてくれたり、わざわざ立ち止まって「お嬢ちゃん、いくつ?」と尋ねたり、「ほんと、天使みたい」などと褒めそやす人もいることを、彼はよく知っています。そういうふうに人の注目を浴びるのが、彼自身にとって心地よいのです。

ただ残念ながら、人は彼の連結行動ゆえにキャルを評価しているのではありません。しかも、彼が周りからの評価ばかり気にしているために、周りの人にはあるがままの彼が見えにくくなっています。可愛い娘がいることと彼が本当はどういう人間かということは、実のところまったく関係がありません。にもかかわらず彼は、可愛い娘がいて、可愛い格好をさせることにこそ、自分のアイデンティティと自分の価値があると考えてしまうのです。

女性から認められたい理由

ナイスガイたちは、社会のあらゆる場面で周囲からの評価を求めますが、ひたすら人から認められたいという思いが最も高まるのは女性関係においてです。ナイスガイにとって、女性から認められることこそ自分の価値に対する究極の評価。彼女からセックスへの欲望が感じられたり、思わせぶりな仕草や笑顔、さりげないタッチ、気配りが感じられたりすると、ナイスガイたちは自分が認められたと解釈します。反対に、彼女がふさぎ込んだり、不機嫌になったり怒ったりすると、自分は認められていない、受け入れられていないと解釈します。

このように女性から認められることばかりを気にしても、その結果は、必ずしもいいことばかりではありません。例を挙げてみましょう。

相手がベッドを共にしてくれるかどうか、いつも気にするようになる

相手とセックスできそうかどうかを主観的に判断する基準を、私は勝手に「その気指数」と呼んでいます。ナイスガイは、セックスこそ自分が受け入れられた究極の証しと見ていますし、セック

スの前にはいい気分にしてあげなければならないと信じていますので、狙いを定めた相手には、手を替え品を替え絶対に怒らせたりしないよう万全を尽くします。さらに、相手が怒っていたりふさぎ込んでいたり、機嫌が悪いようなときは、嘘をついたり解決策を提案したり、自分を犠牲にしたり、相手の心を誘導したりと、とにかく機嫌を直してもらうために思いついたことは即座に実行しなければならないと信じています。

「その気指数」はセックス以外の目的にも使われます。ナイスガイたちは、家庭や社会の中で、絶対に女性を怒らせないよう訓練されてきましたので、たとえセックスの対象でなくても、女性の機嫌や欲求にはきわめて敏感なのです。

女性に主導権を握られるようになる

「自分の気分はパートナーの気分と密接に結びついている」。多くのナイスガイたちがそう語ります。彼女がハッピーであれば自分もハッピーだし、万事オーケー。彼女が怒っていたり、ふさぎ込んでいたり、イライラしていたりすれば、彼女の機嫌が直るまで自分も気が気じゃない、といった具合です。相手にあまりに深くのめり込んでいるので、相手の機嫌が悪いときに自分がいい気分でいるのは気が引ける。そう語るナイスガイたちが多いのです。

女性に自分の存在価値を決められてしまう

相手の女性から「あなたは間違っている」と言われたり、「最低の男」と思われたりすると、ナイスガイは「彼女の言うとおりだ」と考える傾向があります。彼女の判断に反論したとしても、心のどこかで「女性である以上、彼女が正しい」と思っているのです。あるナイスガイがこんなことを言いました。「僕が女性などのいない森かどこかにいたとしたら、自分が間違っているなんて思いもつかないかもしれませんね」

女性への怒りが生まれる

ほとんどのナイスガイが、自分は女性を「愛している」と言いますが、実のところほとんどのナイスガイが、女性に対して途方もない怒りを抱えています。人間には、当初は神とあがめていたものでも最終的に侮蔑するようになる傾向があるからです。神が私たちの期待どおり応えてくれないとき、私たちはますます盲目的にあがめ奉るか、決然と怒りの声をあげるか、いずれかのかたちで反応します。ナイスガイたちは女性をあがめ奉り、認められようとしますが、その崇拝の対象が自分の期待に応えてくれない場合、遅かれ早かれ崇拝の念が怒りに変わっていくこともあるのです。このため、今の今まで「彼女に対する自分の愛が変わることはない」などと言っていたナイスガイが、しばらくすると打って変わって「あのクソアマが……」などと怒りを込めて言い出したりするのも、けっして珍しいことではありません。

私の見るところ、ゲイのナイスガイたちも、ゲイでないナイスガイ同様、女性から認められることを重視する場合が多いようです。ただ、ゲイのナイスガイの場合「自分は性的に女性に惹かれているわけではないので、女性に主導権を握られることはない」と考えています。

5 こうして克服！

ちょっと考えてみよう。

もしあなたが、人からどう思われようと気にしなかったとしたら、どのような人生を歩んでいただろうか？

もしあなたが、女性から認められることに関心がなかったとしたら、女性との関係はどのように変わっただろうか？

ナイスガイは隠ぺいの達人

私の息子スティーブが九歳のころ、キッチンテーブルの上に誤ってボールペンで穴を開けてしまいました。息子は自分のしでかしたことを確かめると、すぐに母親に穴の様子を見せました。そして自分の過ちを恥じたのです。自分に責任があることもきちんと認識していました。自分の不注意が招いたことですから、そう感じて当然です。ただ、これが肝心なのですが、そのことで自分が「ダメ人間」だとは考えなかったのです。

もし私が子供で、いや大人になってからでも同じですが、息子と同じことをしてしまったとしたら、私はきっと何とかして自分のしでかしたことを隠すか、なかったことにしようとしたでしょう。誰かに怒られる嫌われてしまうと思い込み、その秘密を抱えたまま、いつかバレるのではないかとびくびくしながら生きていくことになったはずです。

多くのナイスガイたちが、自分もスティーブのような経験をしたことがあると語っていますが、その全員が、自分ならスティーブとまったく逆の対応をしただろう、つまり隠そうとしただろうと認めました。

前述のように、ナイスガイのあらゆる行動には、周りから認められよう、認められないという事態は避けようという計算が働いています。ナイスガイたちは、今のままの自分でいてはいけないと信じているので、自分の失敗や欠点を、自分がダメな存在、愛されない存在であることの証しと見ています。人からダメな存在と思われたら、傷つき、ののしられ、見捨てられる。そう信じているのです。その結果、ナイスガイたちは非の打ちどころのない隠ぺいの達人となります。

ナイスガイたちは、例えば次のような場合に、自分の失敗を隠したり、人の注意をそらしたりしなければならないと考えます。

もし何かを忘れてしまったら／もし間違いを犯してしまったら／もし何かを壊してしまったら／もし落ち込んでしまったら／もし苦しんでいたら／もし遅刻してしまったら／もし何かが理解できないときは／もしいつも失敗してしまったら

そして、隠ぺいしたいという気持ちは、次のような、生きている人間ならごく当たり前の領域で強くなることが多いのです。

性欲を覚えること／髪が薄くなること／ごく普通の身体的反応／年をとること／何らかの欲求があること／不完全であること

6

こうして克服！

今挙げたリストをよく読んで、自分の欠点を自分が隠そうとしたり、人の注意をそらそうとしたりした経験がある状況を紙に書き出してみよう。そして、そうした出来事をあなたが愛する人たちから隠し続けることが有効なのかどうか、よく考えてみよう。

全力で証拠を隠す男たち

ナイスガイたちは、自分の欠点や失敗を隠ぺいするためにありとあらゆる妙案を思いつくものです。例えば……

嘘をつく

多くのナイスガイは、自分が誠実で信頼される人間だと思っており、そのことを誇りに思っている。ところが、残念ながら彼らは本質的に不誠実なのだ。彼らは、自分の責任を問われるような事態を避けるためなら平気で嘘をつき、真実の半分しか話さず、情報を省略してしまう。

信用度を上げておく

ナイスガイたちは、善良で思いやりがあり、寛大な人間であろうと懸命に努力するので、そうした行動によって自分の信用度が上がり、そのことで自分がやってしまうかもしれない過ちも帳消しになるはずだと信じている。つまり何でもきちんとやっておけば、万一少しぐらいミスをしても人は見逃してくれるだろうと信じているのだ。

その場を取り繕う

成熟した大人は自分の行動に責任を持つ。失敗したり不適切な行動をとったりした場合は謝り、償いをし、壊したものを直したりする。ところがナイスガイたちは、とにかく相手を怒らせないために必要なことだけやって、その場をしのごうとする。

「DEER」反応

「DEER」というのは、Defend（防御）、Explain（説明）、Excuse（弁解）、Rationalize（正当化）の頭文字をとって私がつくった用語で、自分の失敗やダメさ加減に周囲の人の注意が向けられてしまうことへの恐れに基づくナイスガイの行動を指している。例えばナイスガイが何かしようとして、あるいは何かをやり損ねて、妻やパートナー、上司など周りの人が感情をあらわにしたときなどに、ナイスガイはこのDEER反応を見せる。

矛先をそらす

誰かに怒られたり自分の欠点や失敗を指摘されたりすると、ナイスガイの心の中で羞恥心や自責の感情が湧き上がる。そんなとき、自分自身と周りの人の注意が自分のダメ人間ぶりに向かわないよう起死回生の大技に打って出ることがある。つまり、相手を非難して、相手の心の中に羞恥心や自責の感情を呼び覚まさせようとするのである。私はこの大技を「矛先そらし」と呼んでいる。無意識のうちにとられる戦略で、その根底には、自分に向けられた矛先を相手側に向けられれば、自分の非に当てられたスポットライトから逃れられるだろうという思いがあるのだ。こうした「矛先そらし」には、相手を非難する、過去の話を持ち出す、話を変える、ほかの人の欠点をあげつらうといった技法がある。

壁をつくる

ナイスガイたちは、他人が自分の心の中に入ってこないように壁をつくる。当然、その壁は相手と親密になるうえで妨げにはなるが、自分のダメぶりがバレてしまう恐怖からは守ってくれる。例えば食べ物やセックス、テレビ、アルコール、仕事などに依存するほどのめり込むのも壁をつくる行為の一種だし、冗談や毒舌、知性派を気取った物言い、完璧主義、孤立なども壁をつくる行為に含まれる。

テフロン加工の人格

ナイスガイたちは自分を善い人に見せたがり、人から好かれようと懸命に努力し、今挙げたような防御策によって周りの人々と一定の距離を保ちます。ところが、ナイスガイたちが持つほかの傾向と同様、こうした無意識的行動も、彼らの願いとは真逆の状況をもたらしてしまいます。愛とつながりを求めていながら、実際には周りの人々を遠ざけてしまう目に見えないバリアをつくってしまうのです。

世の中の人々は、実のところ完璧な人間には心惹かれません。ナイスガイたちはそのことがよく理解できないようです。人が惹かれるのは、自分が興味や関心のあることを話題にしたり、悩みを相談したりできる相手であり、エネルギッシュで生命感にあふれた人なのです。

人が好きなのは人間らしい人です。自分の本来の性格を隠し、自分は完璧な人間であるというイメージを与えようとすればするほど、その人の実体はとらえにくく、人間らしさに乏しいつまらない男に見えてしまいます。

私はよく、ナイスガイたちを「テフロン加工の人格」と呼びます。彼らは、それこそテフロン加工のフライパンのように表面が滑らかで、何もくっつかない人間になろうとしているからです。ところが、このテフロン加工のせいで、人々は親しく付き合いたいとは思わなくなります。なぜなら人はむしろ、表面がデコボコして何かしら自分との共通点を見いだせる人に魅力を感じるものだからです。

まずは自分を認めてあげよう

「ナイスガイ症候群」の克服には、自分の核となる思考パターンの変更が必要不可欠。外からの評価を求めたり、人から認められないという事態を避けようと躍起になったりするのは、もうやめましょう。ナイスガイたちが始めなければならないのは、まず自分自身を認めてあげることです。

皮肉なことに、自分の喜びを優先するようになると、彼らが常々心の底から求めている、周りの人々との打ち解けた付き合い、心が通い合う人間関係ができてくるのです。この重要な克服プロセスをさらに進めるには、以下のような行動が役立ちます。

①自分が人から認められたくて日ごろどういう行動をしているかを把握する
②自分の気持ちを大事にする
③自分のことを肯定的に評価してみる
④ひとりで過ごす時間を増やしてみる
⑤信頼できる人に自分のことを話してみる

7 こうして克服！

以下のことを考えてみよう。

人は、あなたが人間的に不完全であることに気づいても、あなたのことを愛してくれる。

あなたにはそう信じることができるだろうか？

あなたのことを大切にしてくれる人が、何があってもあなたを捨てたり愛さなくなったりすることはない。そのことが分かったら、あなたの考え方はどう変わるだろうか？

■自分を認めてあげる方法❶——自分の行動を検証しよう

おかしな言い方に聞こえるかもしれませんが、ナイスガイたちには、自分自身であるための訓練が必要です。この訓練を始めるには、まず自分がどういうときに人に好印象を与えよう、人から認められようとしているのかを把握しましょう。髪型を整える、誰かのためにドアを開けてあげる、キッチンを片付ける、子供を連れて公園に出かける……。克服段階にあるナイスガイならば、自分がいかにそうしたことに時間をかけて人に好印象を与えようとしているか、称賛されたいと思っているかを冷静に認識することができるはずです。

称賛を得たいがために、自分がどれほどの時間とエネルギーを費やしているかを把握すると、ナイスガイたちは今までとは真逆の生活を始めるようになります。例えば、自分が受け入れられること、認められることを外に求めるのではなく、自分に求めるようになります。そうすることで自分自身に、「本当のところ、自分は何を求めているのか」「自分が正しいと思うことは何なのか」「どうすれば自分はハッピーになれるのか」といった重要な問いを投げかけることができるのです。

本章のはじめに、自分の外側に何かを「連結」することで自分の価値を上げようとするナイスガイ、キャルの話をしましたね。コンサルティングの際、私はキャルに、人から認められようとするうえで使った連結行動の内容を書き出すよう言いました。すると翌週、彼は二ページにわたるリストを持ってきてくれました。そこで私は、その中からひとつを指定し、自分の価値を高めるために、それをどのように利用したかを、一カ月間注意して観察するように言いました。

キャルが選んだのは車の例でした。彼はいつも自分の車をピカピカに磨き上げ、車内も隅から隅まできれいにしていました。そうすることが、人に好印象を与え、人から好かれるための重要手段のひとつだと信じていたからです。そこで彼は、意図して車も洗わず、掃除機もかけないことに決めました。そして周りの人がどう感じ、どういう反応を見せるかを観察することにしました。

キャルはシアトル地区に住んでいましたので、車はすぐに雨やホコリのせいで汚れていきました。何度も何度も、彼は車をきれいにしたい衝動に襲われます。こんな状態で街を走れば、人は薄汚い車を見て自分のことをあれこれ言うに違いない。彼はそう思っていました。その状態で仕事に行ったり友人の家に行ったりしたので、そのうち周りからあれこれ非難がましいことを言われるだろうと覚悟していました。実は内心それを待っていたところもあります。娘にいたっては、ホコリを利用して指でお絵描きをする始末でした。

ひと月後、キャルは車を洗い、ピカピカにワックスをかけました。心から安心しましたが、思えばこの一カ月の間、車が汚いことを指摘する声は一件もなく、自分のことを嫌いになったり、愛情をなくしてしまった人など誰ひとりいませんでした。しかも車を洗ってピカピカにワックスをかけたからといって、誰かが自分を好きになってくれたり、新しい友人ができたりしたかというと、そんなこともありませんでした。彼にとっては衝撃でした。

8 こうして克服！

〈こうして克服！ 4〉に挙げた、人から認められようとするための行動リストをもう一度読み、その中からひとつを選んで、次のいずれかを試してみよう。

①その行動を、期間を決めて中断してみる

周りの人にも、自分がそうした行動を中断していることを伝え、失敗したら、信頼できる人にそのことを打ち明けよう。その失敗を、なぜそのときに外から評価されたいと感じたのかを知るきっかけにしよう。

②その行動を、あえて繰り返し行う

矛盾したことを言うようだが、自分の行動がいかに歪んだものであるかを知るうえで、これは効果的な方法なのだ。外からの評価を得ようと意識的に一生懸命努力し、自分がどう感じているかを観察しよう。

■自分を認めてあげる方法❷――自分を大事にしよう

自分についての見方を変えるためには、自分を大切にすることがとても重要になります。自分はあまり価値のある人間ではないと思っていると、自分のための行動にもそうした見方が影響するからです。克服過程にあるナイスガイは、意図して自分自身のために行動するようになると、自分にも何らかの価値があるのかもしれないと思うようになります。

自分のために何かよいことをしてみましょう、といった話をしても、たいていのナイスガイたちは「自分のためにいいこと」などひとつか二つしか思いつきません。そんなとき私は、グループのみんなでブレインストーミングをしてアイデアを出し合ったり、考えられることをリストアップするようにしています。そうして挙げられた行動は、例えば「水をたくさん飲むようにする」「デンタルフロスで歯を手入れする」といったシンプルなものから、「旅行に出かける」「ずっと欲しかった車を買う」といった大がかりなものまでさまざまです。そのほか、例えば以下のような行動があります。

- ジムでエクササイズやワークアウト、あるいは外でウォーキング
- 健康によい食品を食べる

・充分に睡眠をとる
・休暇をとってリラックスしたり、遊んだりする
・マッサージを受ける
・友だちと街に繰り出す
・新しい靴を買う
・靴を磨く
・歯医者に行く
・健康診断を受ける
・音楽を聴く

克服過程にあるナイスガイが自分のための行動を始めると、当初は何だか居心地の悪い思いをするかもしれません。怖い、不安だ、後ろめたい、どうしていいか分からないといった気分になることもあります。「認知的不協和」と呼ばれる反応です。

ナイスガイが自分のために何かよいことをするという行動には、「自分は価値ある存在だ」と信じられるようになる意味があるのですが、それは「自分は価値のない人間だ」という、心の中にしっかり定着した思いと矛盾することになります。正反対の気持ちがぶつかりあうことで、「不協和」の感覚、違和感を覚えるのです。それが「認知的不協和」です。やがてどちらかの思いが優勢

になっていくものですが、私は、たとえ怖くても自分にとってよいことをするという行動を続けるよう勧めています。そのうち必ず、子供時代から自分の核になっていた思い込みが、自分が本来持っている価値を反映した、新しく、より正確な信念に入れ替わっていくからです。

本章のはじめに紹介したトッドも、人から認められるための行動に多くの時間を割いており、自分のために同じことをした経験はほとんどありませんでした。が、克服セラピーでほかのメンバーから励まされたこともあって、自分のために何かやってみようと心に決め、新しい靴下や下着を買ってみるといった小さなことから始めました。

数週間後、彼はさらにエクササイズのプログラムに参加し、定期的にワークアウトをするようになりました。何だか後ろめたい気分もありましたが、隔週でマッサージセラピーの教室にも参加するようになりました。六カ月後には、二〇〇〇ドルを払って独身男性の会にも入りました。「自分にはそんなことをする資格はないという心の声が聞こえることもありましたが、自分のためによいことをするのは、自分としては初めてのことでした」。彼はセラピーグループの集まりでそう話してくれました。その数カ月後、彼は二人の女性とデートにこぎつけ、「どちらの女性も、あるがままの自分を気に入ってくれているみたいです」と語りました。

9 こうして克服！

先ほど挙げたリストをもとに、自分のためにできそうなよいことを書き加えてみよう。そしてそのリストを目にしやすいところに張っておき、一日に最低ひとつは自分のためによいことを実行しよう。

■自分を認めてあげる方法❸——自分を肯定しよう

自己肯定も、自分自身の核となってきた考え方を変えるためには有効で、自分の価値についての古くて誤った見方を、新しく、より現実的な見方に入れ替えることに役立ちます。ただ、心の最深部に根ざした自分についての考え方とは真逆であるため、自己肯定だけでは、その好影響が長続きすることは望めず、ほかのプロセスと併せて実行することで初めて有効になります。

10 こうして克服！

自分を積極的に肯定する言葉を書き出してみよう。カードに書いて壁に張り、定期的にチェックするのもよいだろう。ときどきカードを入れ替えれば、常に新鮮な気分でいられる。カードを読むときは、目を閉じ、言葉の意味を噛み締める。心の奥底の古い考え方が頭をもたげて自己肯定の気持ちを否定することがないかどうか、注意すること。

自己肯定の言葉とは、例えば以下のようなものが挙げられる。

- 「私は、ありのままでも愛される」
- 「私は完璧なまでに不完全な人間だ」
- 「自分の望みがいちばん大切」
- 「私は強く、パワーにあふれた人間だ」
- 「大丈夫、私ならできる」
- 「人はあるがままの私を受け入れ、愛してくれている」
- 「人間だからミスもする。それでいいんだ」
- 「誰よりも自分を喜ばせよう」

■自分を認めてあげる方法❹——ひとりでいる時間を増やそう

「ナイスガイ症候群」の克服過程では、ひとりでいる時間を増やすことも重要です。ひとりでいると、自分の本心に気づいたり、自分の性格の中で好きになれる点を発見したり、人生においてすべきこと、すべきでないことを決めるルールを選んだりできるからです。私が勧めているのは、旅に出たり、知っている人がいない場所にこもったりすること。そういう状況では、人から認められようとする理由も少なくなりますし、自分の欠点や失敗を隠さなければならないケースも少なくなるからです。ひとりになれば、自分自身を振り返ってみることができ、自分の望みに従って生きる練習にもなります。

また、ひとりなら誰を喜ばせる必要もなければ妥協する必要もなく、自分のやりたいことができます。好きなときに寝て好きなときに起きる。いつ何を食べるかも自分次第。どこに行って何をするかも自由。ひとりなら、人の世話を焼いたり、称賛を求めたり、自分を犠牲にしたり、人の悩みを解決したりする必要もありません。

ひとりぼっちになること、孤立することはナイスガイたちにとって最大の恐怖ではありますが、克服過程においてひとりでいる時間を増やすことで、その恐怖と向き合うことができるようになります。ひとりでいるからといって別に死ぬわけじゃない。それに、面倒な人間関係に悩まされたり、人の許しがたい行動を許したり、自分の望みをかなえようと他者を誘導したりしなくてすむ。そう気づくようになるのです。

ひとりで過ごす時間が最も有効なのは、ナイスガイたちが、休みなく働いたり、セックスや食品、アルコールなどに依存することで自分自身から目をそらす傾向を自覚している場合です。また、ひとりでいる時間に日記を書くのも特に効果的です。私自身、週末にひとりでキャンプに出かけたり、一週間まるまるどこかに引きこもったり、あるいは妻が旅行に出かけたりしたときに、最も大切な気づきをいくつも得ることができました。

11 こうして克服！

週末に山か海に行く計画を立ててみよう。できれば一週間以上の休暇をとって、知り合いが誰もいない場所に行くといい。ひとりで外国に行くのが理想的だ。内省する時間をつくって、日記をつけてみよう。くれぐれも自分を大切に。

本書を旅行に持っていって「こうして克服！」を実践するのもいい。家に帰ったら、自分がどう変わったか、どのくらいたつと過去の思考パターンに戻ってしまうかを観察しよう。

■自分を認めてあげる方法❺——自分のことを打ち明けよう

自分の人間性を他者から隠そうとすると、自分の核となっている思い込みを強化することになってしまいます。この思い込みを変えるには、ありのままの自分自身を白日の下にさらし、子供時代に心の奥深く植え付けられた誤ったメッセージを、正しいものへと書き換えることがどうしても必要になります。そして、このプロセスには、信頼できる人、あるいはグループの助けが必要です。

当初は恐ろしいかもしれませんが、信頼できる人を見つけるのは、自分自身を認めることを学ぶうえで絶対不可欠。ひとりでは不可能です。すべてのナイスガイたちが持つ、自分の価値についての歪んだ思い込みを反転させるには、信頼できる人の存在が欠かせないのです。

このプロセスを進めるには、まず信頼関係を築くことが大切です。克服過程にあるナイスガイたちに私が勧めているのは、信頼できる人やグループと定期的に会って、毎回少しずつでいいから、とにかく自分のことを正直に打ち明ける作業を始めること。最初は自分のことをちょっと話してみる程度でかまいません。多くのナイスガイにとってけっして居心地のいいことではないでしょうが、やがて、他人には絶対に知られたくなかった自分自身の思いを話すことができるようになります。信頼関係が築かれれば、恐れや恥の感情を引き起こす自分自身の秘密も語れるようになるのです。信頼できる人たちの前で、秘密にしたり逃避したりせず、自分の心の最も深い所にある、最も暗い秘密を打ち明けるようになったナイスガイたちを、私は数多く見てきました。

このプロセスの好例となるナイスガイに、リードがいます。彼はアルコール依存症の治療中で、「ナイスガイ症候群」克服グループにも参加していました。

ある日、夜遅く開かれた会にやってきたリードは、最初の三、四〇分は無言で、心ここにあらずという感じでした。克服グループでのリードはいつも、積極的に話に加わるか押し黙ったままでいるかのいずれかでした。頃合いを見て私はリードに声をかけました。「黙っているようだけど、大丈夫？」

メンバーたちの視線がいっせいにリードに注がれたので、彼の顔は放心したような状態からおびえの表情に変わりました。「今日は来ないほうがいいかなと思っていました」。リードは、両手に視線を落としながらささやくような小声で言いました。「実はグループをやめようと考えているんです」

何人かのメンバーが、グループの声を代弁するかのように尋ねました。「いったい、何があったんだ」

「最悪ですよ」とリードが答えました。「最悪のことをしてしまって、皆さんに合わせる顔もないんです」

何かグループから非難されるようなことをしでかしたのだろうか。私は思いを巡らせました。あるメンバーが「浮気でもしたのか」と尋ねました。

「もっとひどいことです」。リードが答えました。「あまりにひどくて、話したくもないほどです」

グループからは、みんなで彼を支えるから話してごらん、といった声があがり、リードも恐れや恥の感情を振り払って話し出しました。

「先週、上司にこっぴどく叱られまして、そのこともあって妻と大喧嘩してしまったんです。僕は落ち込んで家を飛び出し、ウォッカを買って飲んでしまいました。それ以来また酒浸りになってしまい、やめられないいんです」

アルコール依存症である自分を恥じる気持ちが、また頭をもたげてきたのでしょう。彼の頬を涙が伝いました。六カ月前にこの会に入って以来、彼はきっぱりアルコールを断ち、一滴も飲んでいなかったのです。アルコール依存症克服の会にも積極的に参加していますが、参加して一二年の間、つい飲んでしまって逆戻りという経験を繰り返していました。

メンバーのひとりがティッシュの箱を差し出すと、リードは目頭をぬぐって、ときどき涙声になりながら、これまでの自分のこと、自分の恥の感情のことを話し出しました。

「嘘つきで、姑息なことばかりする昔の自分に戻ってしまって、どうにも歯止めがかからないいんです」

そのことがあってから断酒会のリーダーに相談したり会に出たりしたのかどうか、私は尋ねました。彼は首を振り、こう何度も失敗を繰り返しているようでは、この克服グループのメンバーにも見放されて、もう来なくていいと言われるだろうと考えていたと話しました。

メンバーは口々に、彼がダメ人間だなんて誰も思っていないし、誰も責めたりしないと言いながただけ、メンバーにはリードの気持ちがよく分かるからです。こうやって会に出てきたわけだし、自分のしたことを正直に話している。それに、そのことを恥ずかしいと思っている。それは素晴らしいことじゃないか……。誰もがそう言って慰めました。

ところが、ほどなくしてリードはこう言いました。「それだけじゃないんです。まだ続きがあるんです」。彼はまた泣き出しました。自己嫌悪の念を振り払うかのように、額に手を当てて首を振っています。

「もっとどうしようもない話です。実は仕事場の近くにあるのぞき部屋に、今週はもう二回も行ってしまいました」。彼は床に視線を落とし、どうしていいか分からないと言うように泣きだしました。「せっかくうまくいっていたのに」。彼は合間合間にそう続けました。「全部台無しです。僕は本当に何の価値もない人間です。もう生きてゆけない。何をやってもダメなんです」

それからの時間、メンバーはリードを励まし、みんなのサポートで恥の感情も乗り越えられるからと口々に語り、誰も彼のことをダメ人間だなどと思っていないし、誰も非難したりしないと繰り返し伝えました。そして、まず妻に話し、断酒会のリーダーに連絡して断酒会に出るよう勧め、翌週は毎日誰でもよいからメンバーに連絡して様子を伝えるように言いました。

その夜、会を終えて帰るリードは目に見えて震え、おびえていましたが、同時に告白をして重荷を下ろしホッとした様子も見えました。自分のダメさ加減のせいでみんなから非難され、見放されるだろうと思い込んでいたのに、そうはならなかったどころか、みんなが心の底から心配してくれて力になってくれると分かったからです。見放すなんてことは絶対にないと激励してもらえたからです。

カメレオンの皮を脱ぎ捨てよう

自分を過剰に否定するのをやめ、自分を喜ばせる習慣を始めると、ナイスガイたちはいくつかの重要な真実に気づくようになります。例えば……

- 自分はダメ人間なんかじゃない
- 人から認められようとする必要なんかない
- 自分の欠点やミスを隠す必要なんかない
- 人はあるがままの自分を愛してくれる

この章で紹介した原則を実践すると、ナイスガイたちは、自分が人間らしい普通の人であることを実感するようになります。ほかの人たちと同様ミスもすれば判断を誤ることもある。適切ではない行動をとることもある。でも、自分がそんな人間だからといって、誰もダメな人間だとか好きになれないなどと思うことはないし、そのせいで愛されなくなることもない、ということが分かってくるのです。

不完全な人間には、同じく不完全な人間の仲間ができるものですし、人は、たとえ不完全であっても人間らしい芯をしっかり持った人にこそ惹かれるものです。カメレオンのような人間は、人に注目されることもなければ称賛されることもありません。

カメレオンの皮を脱ぎ捨て、自分自身を喜ばせる習慣を身につけることで、ナイスガイたちは、ずっと求めていた心通い合う人間関係を築くことができるようになります。人生をいきいきと楽しむエネルギーとカリスマ性を身につけて、人を惹きつけられる存在になります。人の称賛など求めず、自分の欠点も隠さない。そうすることで、恋愛でも人生でも、自分が本当に求めているものを手にすることができるようになるのです。

第4章

「自分ファースト」でいこう

「はっきり申し上げて、先週のお話にはとても違和感がありました」

二回めのカウンセリングの際、ラースはそう切り出しました。彼は企業の役員で、さまざまな不安を抱えており、妻の勧めで私のもとへやってきました。彼によれば、自分は記憶にあるかぎりこれまでほとんど気分がふさいでいて、ハッピーな気持ちになったためしがないということです。この数カ月は夜もろくろく眠れず、慢性的な偏頭痛にも悩まされていました。自分の人生は「順調」で、仕事もうまくいっているし、すてきな家もあるし、家族も申し分ない。でも一度たりとも幸福感を覚えたことがない。彼はそう言うのです。

「すべてを投げ出してどこかへ消えてしまいたい」。最初のカウンセリングで、彼はいつもそう夢想していると打ち明けました。そんなことを考えてしまうのが後ろめたいので、今まで誰にも言えずにいたということです。

　私は彼にこう尋ねてみました。「自分のためにしていることは何かありますか？」。すると彼は当惑した様子で「どういう意味でしょう？」と尋ねました。私は同じ質問を繰り返しました。一呼吸置いて、彼は答えました。「たぶん、大したことは何も……」。それ以降の時間で、私は、自分の望みを優先することや、自分の力で自分の望みを満たす方法を見つけることの重要性について話しました。しかしそうした話し合いは、ラースの心の中に不安と抵抗感を呼び起こすだけでした。そして今、二回めのカウンセリングが始まっても、彼は前回同様に当惑げな表情を浮かべているのです。

「先週話し合ったことで違和感を覚えたのは、どのあたりですか」と、私は尋ねました。

「すべてです」と答え、「特に、自分の望みを優先するべきだというお話には承服いたしかねるものがありました」と続けました。

　私は、自分の力で自分の望みを優先させようという話のどのへんに不安を感じるのかと尋ねました。

「全体ですね」。さらに「なぜなら、そんなことをすれば、私はまるで自分勝手で、自分のことしか考えていない人間になってしまうじゃないですか」

「それのどこがいけないのでしょう」。私は尋ねました。

　ラースは驚きのまなざしを私に向けました。「どこがいけないって……、自分勝手な人間になるということは、私の父親のような人間になるということです。父親はとにかく自分のことしか考えていない人間で、そのせいで私たち家族はみんな苦しんだんです。私にはそんなことはできません。私があのしょうもないオヤジみたいな人間になるなど、ありえない話です。私には妻も子供もいて、仕事もある。住宅ローンだって残っているし、生活費だって払わなければならない。父親のような人間になるわけにはいかないんです」

手間のかからない男たち

ラースは、自分の欲求にどう向き合うかという点では典型的なナイスガイそのものです。ナイスガイたちは、総じて周囲の人々の望みを満たそうと懸命に努力する一方、自分自身はできるだけ「手間のかからない」人間でいようとします。私がナイスガイたちに「自分の望みを優先させましょう」といった話をすると、彼らはおおむねラースと同じように反応するのです。

ナイスガイたちに共通するこのパターンは、子供時代に形成されたものです。子供は、自分の欲求がタイミングよく的確に満たされないと、「そういう欲求を抱くのはいけないことなんだ」と思うようになり、「自分が傷つけられたり、見捨てられたりするのは自分の欲求のせいなんだ」とも考えるようになります。かくて多くのナイスガイたちが、人生におけるさまざまな出来事についての誤った解釈に基づいて、今後はこう生きていこうという数多くのサバイバル戦略を編み出すことになります。例えば以下のような戦略です。

①望みなどない、欲求などないかのように装う
②他者からの働きかけを避ける
③「暗黙の契約」を使う
④人の世話を焼きすぎる

彼らは、子供時代に「こうすれば安全」という現実とかけ離れた思い込みを持ってしまったうえに、こうしたサバイバル戦略を立てることで、彼らの望みなど誰にも気づかれない、かなえられもしない、という事態を増やしてしまっただけなのです。

■望みがかなわない理由❶――欲求などないかのように装う

ナイスガイたちにとって、望みなどない、欲求などないかのように振る舞うことは、子供時代、見捨てられたような気分を味わった体験を何とか乗り切るための重要手段でした。自分は見捨てられている。そう最も強く感じるのは、最も強い欲求があるときです。それだけに子供たちは、周りの人が自分を放っておくのは自分の強い欲求のせいなのではないか、と考えるようになるのです。

そして哀れな少年たちはこんな結論を下します。「自分の欲求などないことにするか、隠すことができれば、自分が見捨てられることもないはずだ」。さらにこう思い込むに至ります。「自分が欲求など持たなければ、それが満たされないせいで傷つくこともない」。自分の欲求が満たされるなどと期待しないほうがいい。それどころか、欲求などないかのように振る舞わなければ、この先生きていけないのではないか。ごく幼い時期からそう考えるようになるわけです。

かくて彼らは、どうにも解決できない状況に追い込まれます。哀れな少年たちには自分の欲求を完全に抑え込むことなどできません。生きている以上、自分の欲求も満たさなければなりません。ところが、何としても自らの欲求を満たそうという習慣がなくなってしまった結果、自分の力で満たすことができなくなってしまったのです。ではどうするのか。欲求など何もない、望みなどないと装ったうえで、直接的な方法ではなく、自分の望みを悟られることのないようなかたちで自らの欲求を満たすしかない。そう結論せざるを得なくなりました。

子供時代にこうしたサバイバル術を身につけた結果、ナイスガイたちの多くは「欲求や望みなどほとんど持たないようにすることこそ美徳」と信じ込むようになります。ところが欲求もない望みもないと装いながら、ナイスガイたちは皆、強烈すぎるほどの欲求を抱えています。そのため、自分の欲求を満たそうとする場合、往々にして、まわりくどく曖昧なかたちで人を思いどおりに操り、自分の思う方向へ誘導しようとするのです。

■望みがかなわない理由❷——他者からの働きかけを避ける

自分の欲求を満たすうえで非効率的な戦略を使うのに加え、ナイスガイたちは愛情を受け取ることがきわめてヘタです。自分の欲求を満たすことは子供時代に形成された思考パターンと矛盾するので、いざ自分の欲しいものが手に入るとなると、何だか居心地の悪い思いをしてしまうのです。ほとんどのナイスガイたちになかなか理解していただけないのですが、彼らは、実のところ自分が本当に欲しいものを手に入れることを恐れているのです。中には、わざと手に入れることができなくなるような、極端な行動に出るナイスガイもいます。本人も意識していないこうした傾向によって、ナイスガイたちは、困窮している人やなかなか振り向いてくれない相手とわざわざ関係を持ったりすることがありますし、本人は自覚していないものの、曖昧でまわりくどい態度をとったり、周囲の人を遠ざけたり、約束をすっぽかしたりといった行動をとることもあります。

こうした傾向が分かりやすいかたちで表われるのは、ナイスガイたちが性的欲求を満たそうとするときでしょう。私が診てきたナイスガイたちの多くは、セックスに高い関心を持っているものの、その欲求が満たされるという段になると、不満を感じてしまう例が多いのです。そしてその原因は、多くの場合、望んでいたはずのものが得られなくなるような行動をとってしまうことにあります。

ナイスガイには不思議な嗅覚があります。子供のころの性的虐待やつらいセックス体験などのせいで、性的な感情をうまく表現できなくなってしまったような相手を、わざわざパートナーに選んでしまったりするのです。そして、そうしたパートナーがせっかく高い「その気指数」を示しているのに、自分の欲求を満たせなくするような行動をあえてとってしまうナイスガイは、けっして珍しくありません。セックスを成り行きに任せるのではなく、あくまで自分が主導で進めたいと思っているのです。パートナーがその気になる前に、自分が相手の性的欲求に気づくべきだったと思うのかもしれません。かと思うと、彼女の体重のこと、相手をしてくれなかった過去のことなどを持ち出して喧嘩をふっかけたりすることもあります。このような態度をとってしまうのは、自分の欲求が相手に知られてしまわないかという恐れと羞恥心を回避しようとする、いわば防御策ともいえるのです。

■望みがかなわない理由❸——「暗黙の契約」を使う

ナイスガイたちは皆、あるジレンマに直面します。自分には欲求があるという事実を隠さなければならない一方、自分の欲求を満たせる状況もつくらなければならない。そんなジレンマです。

一見実現不可能なこの目標を達成するためにナイスガイたちが用いる手段が、「暗黙の契約」です。彼らは無意識のうちに、周りの人とあたかも契約を交わしたかのように振舞うのです。ナイスガイたちのほとんどの行動はこの契約を反映しているのかもしれません。

その契約内容は、以下のとおりいたってシンプルです。

「私はあなたのために○○○を行う。だからあなたも私のために○○○を行うものとする。ただし、お互いにこの契約の存在に気づいていないかのごとく振る舞うこと」

たいていの人は、恋人の耳もとで「愛してるよ」とささやいた経験があると思います。そのとき私たちは、愛する人が「私も愛してるわ」と答えてくれることを期待します。これが「暗黙の契約」の好例で、何かを得るために何かを与えています。ナイスガイたちの場合、心の中では、見返りとして「私も愛してるわ」という言葉が返ってくるのが当然と思っています。それが、彼らが自分の欲求を満たそうとする際の基本的な考え方なのです。パートナーに「愛してる」と言ってくれと求めるのはけっして間違ったことではありませんが、「愛してるよ」と言ったら「私も愛してる」と答えるのが当然と考える姿勢は、いささかまわりくどく自分勝手といえるでしょう。

子供時代に受けた家族や育った環境からの影響で、ナイスガイたちは自分が「善い子」でいれば、周りから愛され、自分の望みをかなえ、悩みのない人生を送ることができると信じ込んでいます。ただ実際のところ、「ナイスガイ症候群」の基本的な考え方の背後には、こうした曖昧で勝手な契約があるのも事実です。

12 こうして克服！

自分に問いかけてみよう。自分が欲求を持つのは悪いことではないと思えるか？
周りの人は、あなたが欲求を満たすことに手を貸してくれると思えるか？
この世界はさまざまな選択肢にあふれていると思えるか？

■望みがかなわない理由❹——人の世話を焼きすぎる

ナイスガイたちが、自分の欲求を満たすために「暗黙の契約」を使う、その最も一般的な手法は「人の世話を焼く」ことです。ナイスガイたちは、自分が人の世話を焼くのは愛情に基づく行為で、そのために自分は周りから善い人だと思われていると信じています。ところが、人の世話を焼くことと愛情や善行はまったく別モノです。人の世話を焼くことは彼らが欲求を満たそうとするための未熟で遠回しな方法にすぎないのです。

ナイスガイたちにとって、世話焼き行動には二つの意味があります。ひとつは相手の悩みや気持ちに熱心に向き合うことで「自分が価値ある人間だと感じたい」という欲求を満たすこと。もうひとつは、「自身の悩みや感情からは目をそらす」ということです。

ナイスガイが親しい相手の世話を焼く極端な例として、二〇代後半のグラフィックデザイナー、リースのお話をしましょう。リースはゲイですが、ある時カウンセリングでこう言って嘆きました。「僕が相手にしてあげるのと同じぐらい返してくれるような、そんなパートナーにどうして出会えないんだろう。ボーイフレンドたちは、一方的に僕の愛情を受け取るだけで、愛情を返してくれない。自分はいつも与えるばかりだ」。彼はそんな話を続けました。

彼は、一年間で三人の男性と親密な仲になっていました。どの関係も始まりはすばらしく、きっとうまくいくという予感がありました。ところが、どの関係も同じシナリオで破綻してしまうのです。リースが選んだ相手は、いずれも問題を抱え、救いの手が必要な男たちでした。

最初のボーイフレンドはカナダに住んでいて、薬物依存を克服したばかり。彼はリースと一緒に住もうとアメリカにやってきたのですが、就労ビザも申請せず、日々ひたすら禁断症状と闘うだけでした。リースは、彼の仕事が見つかるように、二度と薬に手を出さないようにと期待しながら、何とか彼の力になろうと懸命に努力しましたが、結局、相手はカナダに戻って人生を立て直すことになりました。その後、共通の友人から聞いたところによると、そのボーイフレンドが就労ビザを申請しなかったのはＨＩＶに感染していたからで、リースにはそれが言い出せなかったということでした。

二人めのボーイフレンドはリースとは違う人種で、自分の同性愛傾向にいつも居心地の悪い思いをしていました。両親の考え方や宗教的な信条が同性愛に否定的だったために、彼の心は常に葛藤しており、相手と深い関係になることができませんでした。それでもリースは彼の力になろうと懸命に努力しました。そこには、相手が心を整理して、ゆくゆくは自分の望みをかなえてくれるに違いないという期待がありました。

三人めは軍人で、リースのアパートから六〇キロほど離れた基地に住んでおり、車を持っていませんでした。リースは、待ち合わせをするにも自分が動き、相手の送り迎えもしなければなりませんでした。収入もリースのほうが上だったので、デートはいつもリース持ち。事あるごとにプレゼントを贈り、金も貸してあげました。そのうち相手が別の州に転勤になると、リースは仕事を辞め、車も売って彼についていきましたが、三カ月後には戻ってくることになってしまいました。相手が浮気をするようになったからです。

その一年でリースは、ボーイフレンドたちの欲求を満たそう、問題を解決しようと必死に世話を焼きましたが、結局仕事もなくし、友人や家族とも疎遠になってしまいました。相手の問題を解決しようと膨大なエネルギーと金を費やす一方で、自らの破滅的な行動はまったく顧みなかったのです。

13

こうして克服！

自分と大切な人との間にある「暗黙の契約」をひとつでも挙げてみよう。

あなたは何を与えるか？　見返りにあなたは何を期待するか？　相手とそのことについて話し合い、相手がそうした取引にどう対応しようと思っているのか、尋ねてみよう。

思いやりとお節介の違い

ナイスガイたちは、自分がやっていることがすべて愛情に基づいていると考えるのですが、相手を思いやることと、人の世話を焼くお節介はほとんど別モノ。以下のような違いがあります。

お節介……与える側が与える必要があると思うものを与える
思いやり……受け取る側が必要とするものを与える
お節介……与える側の心の空虚感を満たすための行動
思いやり……与える側の心のゆとりから生まれる行動
お節介……無意識のうちに見返りを期待する
思いやり……見返りを期待する気持ちはない

ナイスガイたちはさまざまな理由をつけてお節介を焼くのですが、どれも愛情には程遠いものといえます。彼らの場合、どんなに小さな行為にも何らかの見返りを期待する気持ちが伴っており、相手にしてあげることには、自分がそうしてもらいたいという気持ちが伴っているのです。贈り物、愛情、背中のマッサージ、セックス、サプライズ……、すべてがそうです。休暇をとったほうがいい、新しい服を買うといい、医者に行ったほうがいい、旅行にでも行ったほうがいい、仕事を辞めたほうがいい、学校に入り直すのもいい……。ナイスガイたちはパートナーにさまざまな提案をしますが、自分が同じことをしたほうがいいとは考えません。

14 こうして克服！

自分のお節介な行動例を二つか三つ挙げてみよう。自分がいかに人の世話を焼いているかを自覚するため、次のどちらかを一週間続けてみよう。

①お節介を一時禁止してみる

ナイスガイたちには、思いやりとお節介の違いが分からないので、とにかく、人のために何かをするという行為をやめてみる（幼い子供の世話は除く）。混乱を招かないよう、周りの人にはあらかじめ話しておく。人のために何かをする行為をやめてみて、周りの人がどう反応するか、自分がどう感じるかを観察する。

②自分がやっているお節介な行動を、意図的により熱心にやってみる

おかしな話に聞こえるかもしれないが、自分のお節介行動について自覚するうえで効果的な方法である。自分がどう感じるか、周りの人がどう反応するかを観察してみる。

不満のトライアングル

「暗黙の契約」や世話焼き行動は、必ずしもナイスガイたちが自分の欲求を満たす役に立つわけではなく、無意識的に見返りを期待している分、むしろ不満や恨みの気持ちを募らせる結果を招きます。こうした不満や恨みの気持ちが長期にわたって積もり積もると、やがて好ましいとは言い難いかたちであふれ出すことになります。見返りを得たいがために何かをするという行為は、「不満のトライアングル」とでも呼ぶべき悪循環を生み出すのです。このトライアングルは、以下のように三段階の分かりやすい流れで循環します。

①ナイスガイたちが、見返りを期待して、相手に何かをしてあげる。

②自分が与えた分だけの見返りがない、期待したものが得られないと感じると、彼らは不満や恨みがましい気持ちを抱くようになる。忘れないでほしいのだが、ナイスガイたちは、自分が何をどれぐらいしてあげたのかをきちんと計算している。しかも、それは客観的に正しい計算ではない。

③この不満や恨みが長い間蓄積されるとあふれ出してくる。激しい怒り、「受動攻撃」行動、仏頂面、かんしゃく、引きこもり、罵声、アラ探し、非難、さらには暴行等々、現れるかたちはさまざま。そして、この三つが一巡すると、もう一度最初から循環が繰り返される。

私の妻は、こうした状況を評して「子供が吐くのと同じね」と言いました。子供がかんしゃくを起こして吐いたりするのと似た状況だからです。この「嘔吐」は、例えば浮気など人に隠れてとる行動のように、能動的ではないけれども攻撃的な「受動攻撃」行動のかたちをとることもあります。自分はさまざまなかたちで被害を受けてきた犠牲者だという思いがあるので、「嘔吐」する正当な理由がある。ナイスガイたちはそう思っているのです。ナイスガイたちが必ずしもナイスではない理由のひとつ、それがこうした「嘔吐行動」です。

シェインとそのガールフレンド、ラクエルとの関係は、「不満のトライアングル」と「嘔吐行動」の好例といえます。

シェインは、ラクエルをあがめ奉っていました。でも心の奥底では、彼女が自分を愛してくれるのは、自分が「善い人」でいるかぎりにおいてだ、と思い込んでいました。彼女の愛を得ようと、彼はせっせと贈り物をし、カードを贈り、留守電のメッセージを必ず残し、服を買ってあげ、「スペシャルサプライズ」を企画しました。彼女の家のこと、子供たちのことも面倒をみました。

ところがこうした行為は、ラクエルの心の中に、大きな借りをつくってしまったかのような気持ちを生んでしまったのです。何から何までしてもらったのに報いることができないという罪悪感の思いです。実際、彼女は報いることはできませんでした。シェインは、彼女の愛を買おうとしていたわけですが、その契約は明確なものではなく曖昧なものでした。やがて、ラクエルは彼を遠ざけるようになります。彼女に喜んでもらおう、何から何まで面倒をみてやろうとする彼の行動に報いる行動として、彼女にはそれしかできなかったのです。

シェインは打ちひしがれました。なぜそうなってしまったのか理解できませんでした。「自分は契約内容をきちんと履行しているのに、ラクエルはやっていないじゃないか。なぜだ？　僕を喜ばせることが、そんなに難しいことなのか？」というわけです。ラクエルのために何かをすればするほど、恨みがましい気持ちが募っていき、「僕のことを愛していない」と彼女をなじるようになりました。大喧嘩もたびたび起こり、ついにはさんざん悪態をつきあって別れるという事態になりました。

その後、シェインは彼女を失うのではないかと後悔し、怖くなって、ラクエルのもとへ出向いてはヨリを戻そうとしました。ただ、その間もずっと「ラクエルのほうはなぜ、自分を追いかけてヨりを戻そうとしないのか」という恨みがましい思いを抱えています。そして、結局また彼女の愛を勝ち取ろうと、何から何まで面倒をみる行動に戻ったのです。

15

こうして克服！

人の世話を焼く行動と、それに伴う「嘔吐」行動は、必ずしも明確に結びついていないように見える場合もあるが、表裏の関係にある。例えば以下のような行動で大切な人を傷つけていないか、自分を冷静に観察してみよう。

- 嫌みや人を傷つけるようなジョークを言っていないか？
- 公衆の面前で相手に恥をかかせるようなことをしていないか？
- 待ち合わせにたびたび遅れていないか？
- 人から頼まれたことに、忘れたふりをしていないか？
- 人のアラ探しをしていないか？
- 突然姿をくらましたり、「放っといてくれ」と言ったりしていないか？
- 不満をため込んで、ある時一気に相手にぶつけたりしていないか？

自分にとって大切な人に、自分の世話焼き行動や「嘔吐」行動についてどう思うか、尋ねてみよう。ここぞとばかりに非難の言葉を浴びせられ、耳が痛くなるかもしれない。でも、「不満のトライアングル」から抜け出すには、きわめて有益な情報となるはずである。

完璧な「自分ファースト」人間になろう

本書を書き始めたころ、私は「ナイスガイ症候群」克服グループのメンバーに草稿を見せました。ある時、メンバーのひとりがこう言いだしました。「この本がひたすら強調しているのは、まずは自分のことを優先しようということですよね。それって、とても身勝手で自己中心的なことじゃないですか？　ナイスガイたちは自分自身のことだけを考えるべきだ、人に気を遣う必要なんかないと言っているようなものですから」

もちろん私は、そうしたことが言いたくて本書を書き始めたわけではありません。でもそのメンバーの言葉には、私がそれまでまったく意識していなかった重要な真実がありました。それは「ナイスガイたちは、生きていくためには自分を犠牲にしなければならないと思い込んできた。ならば、ナイスガイであることから抜け出すには、自分を犠牲にするのではなく、まず自分を第一に考え、自分の欲求を最優先するのが有効なのではないか」ということです。

欲求を持つのはごく自然なことで、成熟した人間は自分の欲求を満たすことを優先している。私がそういう話をすると、たいていのナイスガイたちはびっくりします。理解してもらうまで何度も繰り返し言わなければならない場合もあります。ナイスガイたちにとって、欲求を持つということは「あれこれ自分の要望ばかり言い張る」ことに等しく、そんなことをすれば人から即見捨てられることになるのです。

私は、ナイスガイたちによくこう言います。「皆さんの欲求を満たすために生まれた人などひとりもいません」（もちろん両親は別で、その任務はとっくに済んでいます）。そして必ずこう付け加えます。「皆さんも、誰かの欲求を満たすために生まれてきたわけではありません」（もちろん、子供たちの欲求については除きます）

このような思考パターンの大転換は、ナイスガイたちにとってとても恐ろしいことです。自分の欲求を最優先にするという発想は、彼らにとって、嫌われる、愛されなくなる、ひとりぼっちになることに直結する以外の何ものでもないからです。

意図して自分の欲求を最優先してみましょう。そう言うと、ナイスガイたちからは、例えば次のような、ほぼ予想どおりの反応が返ってきます。

- 「みんな怒りだすに決まっている」
- 「みんなは僕が自分勝手だと思うはずだ」

・「僕はひとりぼっちになってしまう」
・「もし誰もがそんなふうになったら、どうなる？」

そこで私は、自分を第一に考えるようになることのメリットを挙げてみることにしています。例えば以下のようなメリットです。

・自分の望み、欲求を満たせる可能性が大きくなる
・相手が本当に必要としているものを正しく見極めてから与えられるようになる
・不満も期待も伴うことなく、相手が望むものを与えられるようになる
・愛情に飢えた心がなくなる
・より魅力的な人間になる

ほとんどのナイスガイたちが喜ぶのは最後の項目です。頼りない、泣き言ばかり、女々しい、そして愛情に飢えた男なんて、いかにも魅力がありませんが、自信にあふれた、堂々たる男は魅力的です。多くの人は、自分というものをしっかり持った男に惹かれるものです。自分を第一に考えるからといって、それで周りの人が去っていくことなどなく、むしろ人を惹きつけられるようになります。恋愛で、人生で、望みをかなえるために必要なのは「自分ファースト」でいくことなのです。

自分の望みをしっかり把握しよう

ナイスガイたちが自分の欲求を満たすために必要なのは、まずこれまでの自分の思考パターンを転換すること。例えば以下のように考えてみるのです。

- 欲求を持つのは、人間として当たり前のことだ
- 成熟した人間は、自分の欲求を満たすことを優先する
- 自分の欲求を満たすために、明確で直接的なかたちで誰かの手を借りたってかまわない
- 自分の欲求を満たすことに、周りの人も手を貸したいと思っている
- 私たちは、何でも手に入る豊かな世界に生きている

自分の欲求を満たすためには、ナイスガイたちは、これまでやっていたことと根本的に違うことをやる必要があります。自分を第一に考えることは、服の試着でもするように、ちょっと試して終わりというような単純なものではありません。ただ自分の欲求を満たすだけでなく、人間としての力を取り戻し、生きていることを実感し、愛情や心の通い合いを満喫するためには、思考パターンの大転換が絶対に必要なのです。

興味深いことに、ナイスガイが自分の欲求をしっかりと把握し、自分の責任で望みをかなえるようになると、周りの人々にも好影響がおよびます。曖昧で勝手な契約、腹の探り合い、怒りの爆発、「受動攻撃」的な行動、人の心を誘導するかのような行動、人を操ろうとする行動、そして恨みがましい気持ち……。そうしたものがすべて消えていきます。数年前、私がそのことを実感する出来事がありました。

祝日も重なる週末が近づいていました。子供たちはどこかへ出かける予定でした。私は、妻のエリザベスと二人で何か楽しもうと計画を立てていたのですが、彼女は自分がどうしたいのかはっきりせず、態度を決めかねていました。私はイライラして計画を保留にしましたが、結局、友人からせかされたこともあって、自分のしたいことを第一に考えようと決心。私は改めて計画を立て直し、妻には、もしその気になったら参加すればいいと言いました。その週末は、友人たちと会うなど自分のしたいことをして過ごしたのですが、結局は妻も、私と一緒に過ごす流れになりました。そして週が明けると、うれしいことに妻はこう言ったのです。

「週末は心から楽しめたわ。終わらなければいいと思ったぐらいよ」

「自分ファースト」実験

ある時克服グループで、私はメンバーたちに「少なくとも一週間、自分を最優先する実験をしてみましょう」と提案しました。メンバーは皆ひどく不安げでしたが、最終的に提案を受け入れてくれました。ラース、リース、シェインの体験から、その実験結果を紹介しましょう。

ラースの実験結果

この章のはじめに紹介したラースは、この集まりの後帰宅すると、妻に「来週一週間、僕は自分の欲求を優先するつもりだ」と伝えました。案の定、妻はその宣言に抵抗するような様子だったので、ラースの不安は大きくなりました。しかしラースは勇気を奮い立たせようと、グループのメンバー二、三人に電話をしました。メンバーたちの励ましは、自分への約束をやり遂げるうえで必要な力を与えてくれました。

ラースはできるだけ単純な計画にしようと決め、次の一週間は、毎日ジムに行ってワークアウトする時間を作ることにしました。子供が生まれる前、ラースはよく運動をしていたのですが、仕事や家庭、そして子供たちのために時間を費やすことが多くなって運動の習慣がなくなっていたのです。ラースは、仕事の前か後、どちらかの時間にワークアウトすることにしました。その計画を妻に話したとき、彼は罪の意識を覚えました。「あなたはワークアウトに行く。私は行けない。不公平だわ」。妻がはっきりそう言ったからです。ラースは計画を撤回したい気分になりました。妻もワークアウトができる妙案を探してあげたい衝動に駆られたのです。しかし結局、妻の気持ちもじっくり考えたうえで、とにかく自分はワークアウトに行くと伝えました。

ジムへ通い始めた最初の二、三日間、ラースは罪の意識と不安に押しつぶされそうでしたが、それでも通い続けました。すると意外なことが起こります。三日めを過ぎたころ、妻が「ワークアウトの調子はどう?」と尋ねてきたのです。週も後半になるにつれて、ラースはこれまでより自分がより活力にあふれ、人生を楽観的に考えられるようになったことを実感し、以前よりよく眠れるようになりました。ジムで、彼と同じように自分をいたわる人々といろいろ話すのも楽しい時間でした。その一週間が過ぎると、驚いたことに妻がこう言ったのです。「私もあなたに触発されて、自分のためにいいことをしなくちゃと思うようになったわ」。そして妻は、これからはジムの託児所に子供たちを預けて、自分もエアロビクスのクラスに入ると言いました。

リースの実験結果

リースは、例の三人めのボーイフレンドと別れた後に克服グループに加わっていました。グループでただひとりのゲイということで、当初は居心地が悪そうにしていましたが、メンバーたちに受け入れられて、男たちと性的ではない関係を築くことを学ぶようになりました。

金曜、土曜、日曜の夜は、最近できたボーイフレンドとゲイバーに繰り出す。それがリースの習慣になっていました。当然、月曜の朝には疲れきっており、週の残りで何とか仕事の遅れを取り戻すという日常でしたが、ボーイフレンドに誘われたら必ず付き合わないと捨てられてしまうという不安があったのです。

そこでリースは、次の一週間は自分のことを第一に考え、自分がやりたいと思うことをやろうと決め、前もってボーイフレンドにもそのことを伝えました。出かけるのは一晩だけで酒は飲まない。そして店にいるのは一二時まで。リースはそう決め、土曜日はグループのメンバー何人かと映画を見に行くことにしたのです。日曜日は、部屋でゆっくりして、たまっていた洗濯をしたり、部屋を掃除したりして過ごしました。日曜の夜は一〇時までに就寝、という目標も立てました。

月曜日になると、ゆっくり休めたという実感があり、すっきりした頭で仕事ができました。結局、ボーイフレンドから捨てられることもありませんでしたし、週の残りは仕事もはかどって、楽しく過ごすことができたのです。

シェインの実験結果

やはり本章で紹介したシェインは、とにかく彼女のために何から何までしてあげることが好きです。定期的に贈り物をし、サプライズを計画し、彼女のためになると思うことは何でもやっていました。

そんな彼が、自分を第一に考える実験に向けて決めたのは、自分がいつ、彼女のために何かしたい衝動に駆られるのかを把握すること。その衝動に駆られたときには、彼女のためではなく自分のために何かやってみることでした。彼女の車を洗ってあげたいと思ったら、代わりに自分の車を洗ってみる。贈り物を買おうという衝動に駆られたら、彼女ではなく自分のために何か買ってみる。

ちょっと彼女の様子が知りたいだけで電話したくなったら、代わりにグループのメンバーの誰かに電話してみる、というわけです。ただ、そう決めてみるとひどく不安な気分に襲われました。

しかし彼自身とても驚いたのですが、週が終わるころ、相手のラクエルは、シェインのせいで息苦しい思いをすることがなくなっただけでなく、彼とまた一緒に過ごす時間が待ち遠しいと思うようになったと言ってくれたのです。しかもその後のある夜、子供たちが寝静まった後に電話をかけてきた彼女から、ベッドに誘われるという予想外のハプニングまでありました。

二、三週間後、シェインとラクエルは、カップルのためのカウンセリングにやってきて、二人の関係の変化について話し合い、この取り組みを続けることにしました。試しに六カ月間、シェインはラクエルに一切贈り物をしない、サプライズの計画など立てないことを二人で決めたのです。その後六カ月間、彼は、誕生日にもクリスマスにもバレンタインデーにも、カードやプレゼントを贈ったりしないよう努め、代わりに自分のためになることをしたり、自分の欲求を満たすことに専念しました。

そのうちシェインは、そのせいでラクエルが彼を愛さなくなった、ということなどまったくないばかりか、以前より彼に優しく接してくれるようになったことに気づきました。一年後、シェインがラクエルから認められ、評価されるための手段としてではなく贈り物ができるようになったという報告が二人からありました。この間シェインは、自分の欲求を優先すると、相手に依存する気持ちや愛に飢えた気分、不安な気持ちが小さくなる、ということも学んでいました。シェインが自分の欲求を優先しようと決心してから訪れたさまざまな変化を、二人は大いに楽しんでいるということです。

さあ、今こそ決断の時

ナイスガイたちはこれまでずっと自分を犠牲にして他人のことを第一に考えれば、必ず人から愛され、自分の欲求もかなえられるという神話を信じてきました。非論理的で何も生み出さない、このナイスガイ特有の思考パターンを変える唯一の手段。それは、自分を第一に考えることです。

自分を第一に考えようと決心するのは、かなりつらいことかもしれません。でも実際にやってみると案外簡単です。自分を第一に考えようとするとき、耳を傾けるべき声はただひとつ。自分の声です。決断は、あなたという一個人が下すものであって、みんなで相談して下すようなものではありません。人の望みはさまざまで、互いに矛盾することもありますが、そうしたさまざまな声に応えようと、その真意を探ったり、推測したり、喜んでもらおうとしたりする必要などありません。自分を第一に考えることを決断するときに必要な判断材料は、すべて自分の中にあります。「これが僕の求めていることかな？　そうか、じゃあ、やってみよう」。それでいいのです。

「ナイスガイ症候群」の克服に必要なのは、何より自分自身の欲求を自分の力で把握し、責任を持って扱うということです。他人が協力してくれることはあっても、他人にはあなたの望みをかなえてあげる責任などありません。決めるのは、あくまであなたなのです。自分の欲求を優先し、自分を第一に考えるようになると、世界にはさまざまな選択肢があふれていることに気づくはずです。そして、自分の欲求は大切なものだということ、あなたがその欲求を満たそうとするときに、喜んで、進んで手を貸してくれる人々がいるということを、心から信じられるようになるはずです。

16

こうして克服！

まるごと一週間でも、週末だけでもいいので、自分を第一に考えると心に決めよう。周りの人にも、自分がこれから何をしようとしているのかを伝えよう。取り組んでいる間は、自分を支援し、励ましてくれるよう友人に頼もう。当初は不安感に襲われるかもしれないが、自分が元のパターンに戻ってしまわないようにしっかり向き合うこと。自分で決めた期間が終わったら、あなたが自分を第一に考えると決めたことをどう思ったか、周りの人に尋ねてみよう。

完璧にやる必要などまったくない。とにかくやってみることが大切なのだ。

数年前のある土曜日のこと、妻のエリザベスと私は、私がしでかした何かをめぐって、かなり白熱した口論になりました。私たちの喧嘩はたいていそうなのですが、エリザベスは私に非を認めさせることはできそうもないと感じ、一方の私は不当なことを要求されているような気分になります。結局、二人の怒りは頂点に達し、エリザベスは憤まんを爆発させるようにこう叫びました。

「あなたなんか、ただの意気地なしじゃないの！」

エリザベスは部屋を飛び出し、私はバスルームに退散して涙をぬぐいました。

しばらくすると、考え込んでいたらしいエリザベスがバスルームのドアをノックしました。さては傷を負った獲物にとどめの一撃を食らわそうと戻ってきたんだな。私はそう思いました。でも違いました。彼女は謝ったのです。

「意気地なしなんて言って、ごめんなさい。言い過ぎたわ」

「いや、そんなことはない」。涙をぬぐいながら私は答えました。「今朝から君が言っていることの中で、それが最も的を射たセリフだと思うよ」

実際、ナイスガイは意気地なしです。けっしてナイスな言い方ではないかもしれませんが、それは事実です。ナイスガイは、ともすると弱々しい犠牲者のようになってしまいがちなのです。なぜなら、彼らの人生の思考パターンや子供時代に身につけたサバイバル術に従って、彼らが本来持っているパワーを封じ込める必要があったからです。

これまでの章で何度もお話ししてきましたが、ナイスガイたちには、子供時代にタイミングよく、適切なかたちで自らの欲求を満たしてもらえなかったという共通項があります。みんな、周りの人たちから見捨てられたり、放っておかれたり、虐待されたり、利用されたり、息苦しい思いをさせられたりしませんようにと思いながら、何もできない無力な子供でした。彼らのことを愛し、あたたかく見守り、欲求をかなえ、守ってあげることができなかった人々の犠牲者でした。

子供時代のこうした体験から、ほとんどのナイスガイにとって、犠牲者のような気分はすっかりおなじみのものになって定着してしまいました。そして、自分が人生の中で経験するさまざまな問題の原因をつくりだしたのは、自分ではなくほかの人たちだと思うようになりました。だからこそ、彼らは不満を抱え、無力感や恨みがましい気持ち、怒りをため込んでいることが多いのです。彼らの仕草からも、声の調子からも、そのことがはっきり伝わってきます。彼らは常にこんなことを思っています。

・「それじゃ不公平だよ」
・「どうして彼女がルールを決めるんだ？」
・「いつも僕が与えてばかりで、見返りもない」
・「彼女が〇〇〇してさえくれたら」

無力な男たちの思考パターン

ナイスガイたちは子供時代、見捨てられたような気分になる体験をして、事態を何とかしようと同じ思考パターンを編み出すようになりました。「自分が善い子にしていれば、愛され、自分の望みをかなえ、悩みのない人生が送れるだろう」という考え方です。ところが、残念ながらこうした思考パターンには、自分の望みとは真逆の結果と、果てしなく続く無力感をもたらす役割しかありません。

ナイスガイたちは、順風満帆、問題とは無縁の人生をつくりあげようと躍起になりますが、彼らの目標達成は、主に二つの要因によって阻まれることになります。ひとつめの要因——それは、ナイスガイたちがそもそも不可能なことを達成しようとしていること。人生は山あり谷ありで、けっして平坦な道ではありません。人間は混沌そのもののような存在ですし、人生は予測不能で誰もコントロールできない出来事に満ち満ちています。ですから、すべて計画どおりで予測可能な人生をつくりあげようというのは、土台無理な話ということになります。

私たちは、混沌とした予測不能な世界に生きています。にもかかわらず、ナイスガイたちは順風満帆な人生にすることができると確信しており、そうあるべきだとさえ思っています。子供時代、見捨てられたような気分になる経験をしたために、そう思い込むようになったのです。自分の欲求が、タイミングよく適切なかたちで満たされなかったのは、彼らにとって予測できないことでしたし、恐ろしいばかりでなく命をも脅かしかねない出来事だったわけです。

予測の立たない、混沌とした子供時代に直面した人生の不確実性。それを乗り越えようとして、ナイスガイたちが編み出したのが、「自分が何もかもきちんとやれば、人生は何もかもうまくいく」という信念でした。現実はまったく逆なのに、自分の子供時代は理想的で何の問題もなかったと思い込むことで、見捨てられたような気分になった経験を乗り越えようとするナイスガイもいます。みんな歪んだ思い込みなのですが、無力な少年たちは、こうした幻想のおかげで、自分ではどうすることもできない不安に対処することができたのです。

順調な人生を送るというナイスガイたちの目標を阻む要因――その二つめは、うまくいくはずのやり方と真逆の方法をとってしまうこと。大人になってからの諸問題を、無知で無力だったころに編み出したサバイバル術によって解決しようとするために、安定した人生を何とかつくりあげようとしながらも、結局安定とは程遠い状態に陥ってしまうのです。

効果の薄い幼稚なサバイバル術に依存することで、ナイスガイたちは子供時代の恐ろしい体験の記憶にとらわれ、悪循環から抜け出せなくなってしまいます。つまり、おびえればおびえるほど、子供時代のサバイバル術に依存してしまい、その効果のない戦略を使えば使うほど、人生の複雑さや試練、つかみどころのなさに対応することが難しくなってしまい、それがうまくいかなくなればなるほど怖くなってしまい……、という悪循環が繰り返されるわけです。

17 こうして克服！

以下は、ナイスガイたちが順風満帆で問題のない人生を送るうえで必要と考える処世術のリストである。ざっと目を通し、まず、あなたが子供時代にこうした処世術をどのように使ったか、その例を書き出してみよう。次に、大人になってからのあなたが、それぞれの処世術をどのように使ったか、その例を書き出そう。こうした行動によって、自分がどのようにして犠牲者のような気分になったのかについても考えてみよう。そして信頼できる相手と、そのことについて話し合ってみよう。

- 何でもきちんとやろう
- 何事も安全策をとろう

・先のことを予測し、問題は修復しよう
・万事、波風を立てないようにしよう
・いつも魅力的で、人の役に立つ人間でいよう
・問題を起こさない人間になろう
・「暗黙の契約」を使おう
・人の心を操り、誘導しよう
・人の世話を焼き、喜んでもらおう
・情報は隠しておこう
・感情を表に出さないようにしよう
・周りの人の機嫌を損ねないようにしよう
・困難な問題や状況は避けよう

自分本来のパワーを取り戻して弱さに勝つ！

「自分本来のパワー」とは、何が起ころうともドーンと構えて対処できる自信に満ちた心の状態のこと。私はそう定義します。それは問題や試練、逆境に立ち向かって乗り越えるだけでなく、そ

うした困難をむしろ歓迎し、真正面から向き合い、さらには困難があるのはありがたいこととさえ思う、そういう種類のパワーです。自分本来のパワーとは、怖さを感じない状態ではありません。どんなに力のある人にも恐怖感はあるものです。自分本来のパワーは、恐怖を感じた結果もたらされたものであり、恐怖を感じながらも屈することがない、そうしたパワーなのです。

そのパワーこそ、ナイスガイたちが感じる無力感や心の弱さを克服するための方策となります。「ナイスガイ症候群」を克服すると、自分が生まれながらに持っていた「自分本来のパワー」が使えるようになるのです。「自分本来のパワー」を取り戻すということは、次のような自分になるということです。

①肩ひじ張らない
②現実をしっかり見つめる
③感情をきちんと表現する
④不安と向き合う
⑤首尾一貫した誠実な人間になる
⑥他者との間に境界線を引く

■自分のパワーを取り戻す方法❶——肩ひじ張らない

矛盾しているように思われるかもしれませんが、自分本来のパワーを取り戻し、恋愛でも人生でも自分の望みをかなえるには、肩ひじ張らないこと、肩の力を抜くことが重要になります。肩ひじ張らないというのは、あきらめることではなく、自分で変えられないものは成り行きに任せ、自分で変えられるものには断固力を注いで変えていくという意味です。

成り行きに任せるというのは、気にしないとか努力しないということではなく、ありのままにしておくという意味です。それは、しっかり握りしめていた拳を開き、拳にたまっていた緊張を解放することに似ています。指は拳を握りしめた元の状態に戻ろうとしますので、拳を開いてリラックスさせるには手を再訓練する必要があります。同様に、肩ひじ張らず成り行きに任せられるようになるには訓練が必要です。

肩ひじ張らず、ゆったり構えるようになれれば、ナイスガイたちは人生を無理やり思いどおりの方向に向かわせようとするのではなく、人生の混沌とした美しさをあるがままに受け入れ、反応できるようになります。人生は、学び、成長し、創造力を育むための実験室のようなものと考えるようになります。肩ひじ張らずにいられれば、ナイスガイたちはひとつひとつの人生体験を、自らの成長や癒し、学びを促すために天からもたらされた「贈り物」であると考えることができるようになるのです。「なぜ自分にこんな災難が降りかかるのか？」と自問するのではなく、「この苦境から自分が学ばなければならないことは何だろう？」と熟考し、人生の試練に対処することができるようになるのです。

その意味するところを理解していただくために、ギルの例を挙げましょう。ギルは、ガールフレンドのバーブの問題を「修復」しようと、私のもとでカップルカウンセリングを受け始めたところでしたが、二人の関係はかなり危機的状況にありました。ギルによれば、バーブはいつも不機嫌で怒っており、セックスにもまったく興味がなく、彼は彼女の機嫌を損ねないよう、腫れ物に触るように接している、ということでした。

ギルとバーブは共に五〇代前半で、一緒に暮らして八年になっていました。結婚について話し合ったこともありますが、とにかく二人の関係が不安定なので積極的にはなれませんでした。カップルカウンセリングを始めてから数カ月後、ギルは、二人が抱える問題の原因がすべてバーブにあるわけではないのかもしれないと思い始めました。あれこれ世話を焼き、自分の思いどおりにしようとする自分の行動に目を向けるようになったのです。彼はまた、自分の関心がすべて彼女だけに注がれていていることや、男の友人がいないことにも気づきました。彼が「ナイスガイ症候群」克服グループに参加したのは、それからさらに数カ月後のことでした。

自分自身の問題やうまくいかない自分のやり方に目を向けるようになった一方で、ギルはまだ、バーブの状態を改善させるための「鍵」を探していました。ただ徐々にではありますが、彼は、自分が何をしてもバーブを変えることなど結局無理なのではないか、むしろ自分のほうに目を向けるべきなのではないか、と思うようになりました。そして、あれこれ世話を焼くのではなく成り行きに任せ、バーブについてあまり考えないことにしたのですが、ひどく不安でした。自分の助けなしに、バーブが彼女自身の問題に対処できるわけがないと思い込んでいたので、このままでは「大変なこと」になってしまう、と心底怖くなりました。

しかし克服グループのサポートもあって、ギルはともかく成り行きに任せることにしました。すると、二人がうまくやっていけるかどうかとは関係なく、ギルはしっかりと生きていけるのだと実感するようになりました。しかも驚いたことに、二人の関係が好転し始めたのです。バーブの問題に対処しようと肩ひじ張るのをやめ、彼女の機嫌に一喜一憂せず、あれこれ考えないようにしてみると、それまでの不満や恨みがましい気持ちが次第に小さくなっていくことに、ギルは気づきました。それどころか、自分にとってバーブは天からの「贈り物」なのだとさえ思うようになったのです。なぜならバーブは、いつも怒ってばかりいた父親の影響でさまざまな問題を抱えてしまった自分と、向き合うきっかけとなったからです。

一年後、ギルから克服グループに、バーブとの結婚式の日取りが決まったという報告がありました。以前は想像さえできなかったほど仲良く暮らしているということでした。彼は、二人がうまくやっていけるかどうかなど気にしないと心に決めたことが大きな転機になったようだと語りました。それは明らかに自分でどうにもならないことは、意識して成り行きに任せようという決断でした。「何とかしようと思わなくなったことで自分の望みがかなうなんて、皮肉なもんですね」。彼はそうつぶやきました。

18 **こうして克服！**

最初は抵抗があったけれども、今では、自分の成長や気づきを促すきっかけになったと思える。そんな「天からの贈り物」について考えてみよう。

あなたの人生には、そんな「天からの贈り物」のような出来事があっただろうか？

肩ひじ張るのをやめたギルへの「天からの贈り物」となったバーブのような人物はいるだろうか？　信頼できる人に話してみよう。

■自分のパワーを取り戻す方法❷――現実をしっかり見つめる

ナイスガイたちは、周りの人や自分の置かれた状況について現実とは違う勝手な解釈をしてしまい、その思い込みに従って自分の世界をつくります。しかも、その解釈があたかも正しいものであるかのように行動します。彼らの行動が、ときとして傍目には到底理屈に合っていないように見えるのは、そのためです。

レスは、三〇代後半の控えめな男性です。彼は、短い期間ながら同僚の女性と不倫関係にありました。最初のカウンセリングで、私は彼にどうして浮気をしようと思ったのか尋ねました。「さあ、よく分からないな」。彼が答えました。「たぶん、自分を気遣ってくれる相手が欲しかったのかもしれません」

「あなたは、奥さんに対して、自分の怒りをどのように表していますか」。さらに尋ねてみました。レスは、質問の意味がよく分からないとでも言いたげな表情でこう答えました。「サラに怒りを感じたことなんて一度もありませんが」

「あなたがたは結婚して一〇年ですよね。それなのに、彼女があなたを怒らせたことなど一度もない。そういうことですか？」。私は驚いたふりをして尋ねました。

妻についてレスの話を聞いていると、彼は明らかに妻をあがめ奉っているようでした。また結婚生活についての話を聞いて、彼が明らかに現実をきちんと直視していないことも分かりました。彼の妻についてさらに具体的な質問をすると、レスは、妻が結婚当初から三〇キロ近く太ってしまったことに始まって、料理をしなくなった、うつ状態になった、彼とはセックスしたくないと思うようになった、彼を小馬鹿にした態度をとるようになった、いきなり怒りだすようになったなど、さまざまな事柄の経緯を次々と話してくれました。それほどいろいろなことがあったのに、レスは妻のことをずっと理想の女性だと信じ、心から愛し続けてきたと言うのです。

カウンセリングはその後数カ月続きましたが、私はその間ずっと、彼の妻と、妻との関係についての現実という鏡を彼に繰り返し突きつけました。とても時間のかかる、困難なプロセスでした。でも私は、あることに気づいてほしかったのです。それは、彼がひとりになってしまうことを怖れるあまり「妻は理想の女性だから」といった見方しかできずにいるのだ、ということです。現実と向き合えば、何か恐ろしいこと、あるいは困難なことに向き合わなければならなくなる……。だから彼はあるがままの現実を見つめることができなかったのです。

ひとりになってしまうことへの恐れと徐々に向き合えるようになるにつれて、レスは妻を以前よりも正しい目で見ることができるようになりました。この変化によって、彼は、自分の望みをきちんと伝え、相手との間に必要な境界線を引き、恨みがましい気持ちや怒りさえも表に出せるようになりました。その結果はっきりしてきたのは、サラが二人の関係における自分の役割など考えようともせず、そうした自分を変える気もまったくないということでした。つらく恐ろしいことではありましたが、その現実をあるがままに受け入れた結果、レスは家を出て離婚を申請するという決断を下しました。

現実をしっかり見つめることで、レスは、これまでサラに対して抱いてきた感情の原因に目を向けることができ、つらいけれども当然の決断を下すことができました。人生に意義ある変化を起こすために欠かせない、自分の内なるパワーを引き出すことができたのです。そして、彼がずっと望んできたような愛情関係を一緒に築いてくれる相手に出会う未来への扉も開かれたのです。

19 **こうして克服！**

生活の中で、あなたがいつも不満な状況、あるいはなす術がないと感じている状況をひとつ挙げてみよう。そして一歩距離をおいて、それを見つめ直してみよう。

- その状況がつらいのは、自分が信じたい現実を、あなたがそこに重ねているからではないだろうか？
- その状況をありのまま受け入れるとしたら、あなたはどう変わるだろうか？

■自分のパワーを取り戻す方法❸——感情をきちんと表現する

ナイスガイたちにとって恐ろしい感情が二つあります。自分の感情と周囲の人たちの感情です。その二つが激しさを増すと、ナイスガイたちはどうしていいか分からなくなってしまいます。彼らは子供のころ、激しい感情を表すと周りの人から否定的な反応があったり、あるいはまったく相手にされなかった、という経験があるので、そんな事態を招きそうな感情にはしっかりフタをするほうが安全、と思うようになったのです。

結婚して間もないころ、妻のエリザベスが私に「あなたという人は、どうして自分の感情をきちんと私に言えないの?」と憤まんをぶちまけたことがありました。多くのナイスガイたち同様、私も感情を表に出すのは危険なことだと思っていたのです。その時点で三〇年以上、ずっとそういう認識だったのですから、私には妻が何を言っているのか、皆目見当もつきませんでした。

私の場合、自分の感情をはっきりと把握できるようになってからも、それを表に出さないことがよくありました。自分の感じていることをパートナーに言ってみよう、などとナイスガイたちが考えるのは、笑ってしまうぐらいまれなのです。ある時、私はけっこう長い間抱いていながら口にしていなかった感情をエリザベスに伝えました。すると彼女は、いかにも不思議そうにこう言ったのです。「どうして、そう感じたときに言わないの?」

「これでもずいぶんよくなったほうだと思うよ」。私はいかにもナイスガイ的な言い回しで答えました。「だって君に言うまでに二週間しかかかってないんだから」

「感情を表に出さないのは、誰も傷つけたくないからだ」。私はナイスガイたちから、そうしたもっともらしい言い訳を何度も聞いてきました。でも本当のところ、子供時代の体験を再現するかのようにアレコレ言われたくないだけなのです。誰かを傷つけることがないよう配慮しているのではなく、自分の世界をスムーズにしたい、波風のない状態にしておきたいだけなのです。

私は、ナイスガイたちによくこう言います。「感情を表に出したからといって、それで命が脅かされるわけではありません」。不安や無力感を覚えようと、羞恥心や孤独感、怒りや哀しみを覚えようと、それで命が脅かされることなどないのです。

ナイスガイたちが自分の感情に素直になるということは、感情的でスキンシップばかり求めるような男になるということではありません。自分の気持ちに正直な男は力強く前向きで、エネルギッシュです。そういう男になってほしいのです。感情を表に出すことは女性的であると勘違いしているナイスガイも多いのですが、そんなことはありません。だから私は、克服グループの男たちの力を借りて、自分を表現しようとするナイスガイたちをサポートしているのです。

抑圧された感情を表すための方程式や正しい手法などありません。しかし克服グループでも教えたり模範を示したり、あるいは励ましたりしながら、この重要なプロセスを、時間をかけて支援しています。ある意味で、克服グループは家族のような役割を果たすのです。このような環境であれば、克服過程にあるナイスガイたちは、子供のころにはけっして得られなかったサポートを求めながら、自分の感情と向き合うことができます。感情というのは一筋縄ではいかないものですから、中には取り乱してしまう人もいるでしょう。でもグループで克服するという環境ならば、ナイスガイたちは、たとえグループのメンバーたちの機嫌を損ねたとしても、見捨てられることなどなく、萎縮する必要もなく、ましてや死ぬこともないのだと実感できるはずです。

感情は、人間が生きていくうえで必要不可欠なものです。その感情をきちんと言葉で表せるようになれば、ナイスガイたちは長い間抱えてきた無用な荷物を少しずつ下ろしていくことができます。それができれば愛情を表現し合い、情熱的に生きるという自身の中にあるエネルギーを再発見し、人生を楽天的に謳歌していくことができるのです。

私は、数年前、とても思いがけないかたちでその事実に気づきました。ある日、エリザベスが私のもとへやってきて、車をバックさせたら停めてあった車にぶつかってしまったと言うのです。妻は悪さをした子供のように、私から怒られるのを待っていました。私に答える間も与えず、自分を守るために壁を築いて、その陰に隠れたわけです。

私は怒りました。ただ、それは車のことよりも、私の感情を最初からはねつけるかのような妻の態度に対する怒りでした。私は自分の感情をはっきりと言いました。非難するのでも攻撃するのでもなく、「そういう態度はやめてくれ」と言ったのです。妻はもちろん、当の私もびっくりするほど激しい口調でした。自分は妻の感情を拒むようなことをしていないにもかかわらず、妻が私の感情をはねつけるような態度に出るのは許さない。私はそう説明しました。車のことはもちろん気になりましたが、その後の彼女の態度のほうに憤りを感じたのです。私はこう言いました。「車がどうなったのかを私に説明して、私の気持ちを聞いて、それから二人で考える。それが筋じゃないのか？」

その後エリザベスは、私がはっきりと感情を言葉にしたことで、「とても安心した」と私や友人たちに打ち明けてくれました。

彼女は、私が車のことで怒っていることがはっきり分かった一方で、彼女が悪いと思っているわけではないこと、彼女を見捨てるつもりなどないことをはっきり知ることができました。私がきっぱりと自分の感情を口にしたことで、彼女は愛されていると感じ安心したのでしょう。その結果、彼女は、車について私があれこれ言うのも穏やかに聞くことができました。この出来事があってから、私たちの絆はいっそう深まったように思います。この出来事こそが、思っていることを明確に、直接的に表現することで得られる癒しの力を私に思い知らせてくれたのです。

20 こうして克服！

感情をはっきりと表現するうえで注意したいことを挙げてみよう。

- 「お前のせいで怒っているんだ」といった、相手が原因であるかのような言い方ではなく、「僕は怒りを感じている」のように怒りの感情を自分が引き受ける言い方をしよう。
- 「ジョーは僕を利用しようとしていたような気がする」といった曖昧な言い方ではなく、自分の考えを明確に伝えよう。「どうしていいか分からないし、怖い」というように、自分が心の中で感じていることをはっきり口にすること。
- 自分の感情を言葉にするとき、「君が」「おまえが」ではなく、「僕が」「自分が」で始めるようにする。その際も「君はとてもひどいことを言っているような気がするよ」といった曖昧な言い方は避けよう。

■自分のパワーを取り戻す方法❹――不安と向き合う

生きていくうえで、さまざまな不安や恐怖感を覚えるのは当たり前のことで、誰にも、恐れなど知らないかに見える人にも、不安はあります。健全な不安は、危険が近づいていることを知らせてくれるサインですが、これはナイスガイたちが日々体験している不安とは異なります。

ナイスガイたちの場合、不安は細胞レベルに記録されています。それは、子供時代から味わってきた、命さえ脅かすものにも思えたすべての体験の記憶――周りの人に依存するしかない無力な子供時代に生まれ、自分の欲求がタイミングよく、適切なかたちで満たされなかったことに由来する記憶です。その記憶はやがて、リスクをとってもその後が保証されるとはかぎらないという、恐ろしい社会経験を重ねるなかで強化されていきます。そして人生は一筋縄ではいかない混沌で、何かを変えようとしても未知の世界が待っているだけだという現実に直面し、その概念が固定化されます。こうして形成された不安に名前をつけるなら、「記憶による不安」ということになります。

子供時代に形成された「記憶による不安」があるために、ナイスガイたちにとって世界は、大人になってもなお危険で威圧的なものでしかありません。そこで彼らは、人生の過酷な現実に対して身をかがめてやり過ごすという安全策をとるようになったのです。

そうした安全策をとった結果、ナイスガイたちは、以下のとおり、本来なら抱える必要のない苦しみをいくつも抱えることになります。

- 状況をなんとか変えずにすまそうと苦しむ
- 慣れ親しんだ状況にとどまりたくて苦しむ
- 何かを始めるとき、ぐずぐず先延ばしたり、始めない理由を探したり、結局始めなかったりすることで苦しむ
- これまでうまくいった試しのない同じ方法で対処しようとして、さらに悪化させて苦しむ
- 自分の力で何ともできないことを何とかしようとして、多くのエネルギーを使ってしまうことで苦しむ

ノーランは、「記憶による不安」によって動きがとれなくなってしまったナイスガイの好例です。彼は友人に勧められてカウンセリングにやってきました。当時、妻と別居して一年がたっていましたが、彼はまだ離婚について最終的な決断を下せずにいました。

ノーランの話の中でよく出てきたのは「混乱してしまって……」というセリフ。強い罪の意識もない交ぜになった言葉です。彼は四六時中、先々のことに思いを巡らせてはクヨクヨしていました。妻と別れて、後からそれが間違いだったと分かったらどうしよう。子供たちの人生をめちゃめちゃにしてしまったらどうしよう。子供たちが二度と口をきいてくれなくなったらどうしよう。友人た

ちから僕のほうが悪いとか思われたらどうしよう。地獄に落とされたらどうしよう……。ノーランは、自分がどうすべきなのか考えあぐねて混乱するばかりで、結局何もできずにいたのです。

「あなたは混乱しているのではありません、恐れているのです」。私はそう言いましたが、彼は認めたくないようでした。自分が何かを恐れているなんて思いたくなかったのです。私たちは、彼の子供時代の記憶を一緒にたどっていきました。すると彼は、子供のころに犯した過ちがもたらした影響を、その後もずっと引きずっていることに気づきました。大人になってからも子供のころと同じ対応を続けていたのです。

彼が物事を決断できないことの背後には、「どんなことが起きても、自分はきちんと対応できないのではないか」という、子供時代に覚えた不安がありました。離婚したら起こりそうなことについて二人で話し合ってみると、やはり、彼が予測することすべてに、自分にはどうすることもできないのではないか、という無意識の思い込みが潜んでいることが分かりました。

私は、彼が帰宅する前に、彼が不安に思っていることをリストにして、それぞれの項目の隣に「大丈夫！　何が起きても、あなたは何とかできる！」というコメントをつけて手渡しました。翌週、ノーランは離婚について弁護士と相談したことを晴れ晴れとした顔で話してくれました。途方もない恐怖と不安を覚えましたが、「大丈夫！　何が起きても、僕は何とかできる！」という、自分ひとりでは思いもつかなかった言葉を呪文のように繰り返すことで、勇気を奮い起こしたのだそうです。

幼いころに植え付けられた「記憶による不安」を解く方法はただひとつ。今抱いている不安としっかり向き合うことです。ひとつひとつの不安と向き合うたびに、「どんな不安であっても、自分はきちんと対処できる」という信念を持つことが、自らの「記憶による不安」に挑むことになります。「記憶による不安」に敢然と立ち向かっていけば、ふだん周りで起こることについても「なあに、怖くなんかないさ」と思えるようになります。それが続いていけば、不安に立ち向かえる自信がついてきます。そして、自信がつけばつくほど、人生はそれほど怖いものではないと思えるようになるのです。

■自分のパワーを取り戻す方法❺——首尾一貫した誠実な人間になる

「自分は正直で信頼できる人間です」。ほとんどのナイスガイたちは誇らしげにそう言います。でも実のところ、彼らは本質的に不誠実です。彼らは、巧みに嘘をつき、真実を隠すにもかかわらず、根っから誠実な人間だという幻想を信じ込んでいるのです。不誠実さは不安に基づく行動ですから、嘘をついたり真実を隠したりすることは、ナイスガイたちの内なるパワーを奪ってしまうことになります。

嘘をつくとは、少しでも真実ではないことを言う行為のこと。私は嘘をそう定義しています。当たり前じゃないか、と言われるかもしれませんが、「嘘をつくこと」と「真実を言うこと」をきちんと定義しておくのは大切です。ナイスガイたちは、自らの行動を正当化するために勝手な定義を巧みにつくりだすからです。彼らが「僕はとても正直な人間です」とか「たいていの場合、僕は正直です」とか言いながら、そうした言葉がいかに矛盾しているかに気づきもしない、なんてことはけっして珍しくありません。「嘘なんかついていない。すべてを話していないというだけのことだ」。そんな子供じみた言い訳をすることもあります。

ジョエルは建設会社のオーナーで、仕事も順調です。時折、彼はちょっとだけ早く仕事を切り上げて、家に帰る前に映画を見にいくことがあります。でも、妻にあれこれ言われることを恐れて、午後何をしていたのかといったことを妻には話しません。このため、出かけているときに妻から電話があった場合に備えて、彼はいつも辻褄の合う作り話を用意しています。皮肉なのは、そもそも妻にそうした嘘をつく理由などまったくないということです。自分がどこで何をしているかを一生懸命隠そうとする一方で、彼は妻だけでなく自分にも嘘をついていることに気づいていません。結局のところ、ジョエルの嘘は、妻との関係の根底に恐れがあるという状況を長引かせるだけで、彼の内なるパワーを奪っているだけなのです。

ナイスガイたちが真実を語ることの大切さを知るようになると、私は彼らに、自分が人に最も知られたくないと思っていることは何なのか、自分が最も秘密にしておきたいことは何なのかを把握するようアドバイスします。最も隠しておきたいこと、それはとりもなおさず、最も伝えるべきことである場合が多いからです。時には、少しずつ真実を話し、最終的にはすべてを話せるようにするといった訓練が必要な場合もあります。

真実を話すようになった後で、ナイスガイたちが「真実を話したのは間違いだった」と語ることがあります。そのことで周りの人を怒らせてしまったからです。真実を語ることは、波風の立たない人生を送るための魔法でも何でもないのですから、波風が立ってしまったので真実を語ったのは間違いだったなどと考えるのは理屈に合いません。人をだまし、真実を歪めて必死で辻褄合わせをする人生より、終始首尾一貫した人生を送るほうがずっと簡単なはずです。

21 こうして克服！

あなたの人生を支配している不安をひとつ挙げてみよう。その不安に立ち向かうことを心に決め、自らにこう言い聞かせよう。

「大丈夫！　僕にはきちんと対処できる。何が起きても、僕なら何とかできる！」

行動を起こし、不安を感じなくなるまで、この呪文を復唱すること。

ブレのない誠実な態度を身につけることは、「ナイスガイ症候群」を克服するうえで根幹ともいうべき重要な手段になります。私はブレのない誠実な態度を、「正しいと思うことを見極め、それを実践すること」と定義しています。

決断し、行動できるようになるためには、周りの人が何を正しいと考えているのかを推測するという方法もあるでしょうが、これでは本人が困惑したり、不安になったり、無力感を覚えたりして、不誠実な行動をとってしまう可能性もあります。

「自分が正しいと思うことは何か」と自問することなく、周囲の人の考えを推測してばかりいては、首尾一貫した態度などとれるようにはなりません。

またそう自問しても、実行に移さなければ意味がありません。ブレのない誠実な態度を獲得するには、ただひとつ。自分が何を正しいと信じているのか自らに問いかけ、そして正しいと信じたことを実行することしかありません。それ以外の方法では首尾一貫した誠実な男になることはできないのです。

22 こうして克服！

これまで、自分でも誠実ではなかったと思う出来事をひとつ選んでみよう。そして、なぜ本当の気持ちを言えなかったのか、なぜ実行に移せなかったのか、その原因となる不安を確認し、その経緯を信頼できる相手に話そう。

その後で思い切って真実を語ろう。あるいは状況を改善するためにやらなければならないと思うことを実行しよう。心の中で「大丈夫だ、自分には対処できる」と何度も繰り返しながら。本当の気持ちを話せば、自分も周りの人も難しい状況になるかもしれないが、関わった誰もがそれを乗り越えられると信じよう。

■自分のパワーを取り戻す方法❻——他者との間に境界線を引く

人と自分との間に境界線を引くことも、人生を生き抜いていくために必要欠くべからざることです。上手に境界線を引けるようになると、ナイスガイたちは、自分が犠牲者だという無力感から脱し、自分本来のパワーを取り戻すことができるようになります。境界線の設定は、克服過程にあるナイスガイたちに私が教える最も基本的なスキルのひとつとなっています。

境界線の概念をナイスガイたちに分かりやすく説明するために、私は靴ひもを使います。床に靴ひもを置いて境界線をつくり、相手のナイスガイに「これからこの境界を越えて、あなたを押しますから、不快だと思ったら私を止めてください」と指示するのです。最初から境界線のかなり後ろに下がっているナイスガイもいますし、私が境界線から何歩も踏み込んだ時点でようやく反応するというナイスガイも少なくありません。中には、私に押されるがままで、ついには壁に押しつけられてしまうナイスガイもいます。

私がこんな実演を通して知っていただきたいのは、人生のあらゆる領域において、そうした境界線が必要なのだということです。ナイスガイたちは、発言を撤回したり、譲歩したり、事を荒立てないようにするほうが気が楽だと思っています。自分がもう一歩だけ後ろに下がれば、相手は押すのを止めてくれる、すべて丸く収まると信じているのです。

ただ、克服過程にあるナイスガイの場合、境界線の引き方を初めて学ぶ際にちょっとやりすぎてしまうこともあります。彼らには万事極端に走る傾向があるからです。ムキになって境界線を引こうとするナイスガイもいれば、大掛かりな方法で境界線を引こうとするナイスガイもいます。でもやがて、そんなに抵抗しなくても境界線を引くことができるのだということを学ぶようになります。

同様に彼らは、境界線を引くというのは、相手を変える行為ではなく自分を変えていく行為なのだということも学ぶようになります。誰かが自分の境界線を越えようとするのは、その誰かに問題があるからではなく、自分に問題があるからなのです。

「記憶による不安」があるために、ナイスガイたちは、相手の行動を堪え難いと思いながらも、それをさらにエスカレートさせてしまうことがあります。子供時代の経験から、彼らは、周りの人々から自分の境界線を越えられても、「自分は受け入れます」という態度を示すことが習慣になっているのです。でも、自分が周りの人からどういう扱いを受けているかをはっきり自覚するようになると、ナイスガイたちの行動は変わっていきます。我慢したくない行動がどんどんエスカレートしていくのを彼らが押しとどめるようになると、周りの人も、今までとは違う接し方をしなければと思うようになります。そして、それによって人間関係が改善され、好転する可能性もあるのです。

我慢できない行動を我慢していると、人間関係がどのように壊れてしまうか、そして境界線を引くことで人間関係をどのように改善できるのか。そのことをご理解いただくために、二〇代半ばの下士官、ジェイクの例を紹介しましょう。

ジェイクが妻のキーシャと結婚する少し前に、キーシャは以前のボーイフレンドと関係をもちました。でも彼女を失いたくなかったジェイクは彼女の行動を許し、その話は二度としないと約束しました。このことで二人の関係には、キーシャがやりたい放題やる一方で、ジェイクは感情を抑え、腫れ物に触るように彼女に接するというパターンができあがってしまいました。ジェイクは常に言葉を慎重に選び、彼女の機嫌を損ねてしまうような「間違ったこと」は言わないようになったのです。

ある日二人が友人たちと飲みに出かけたとき、キーシャが酔っぱらってしまいました。彼女は飲みすぎるとやたら喧嘩腰になったり、男たちとイチャイチャしたりする傾向がありましたが、その夜も彼女はジェイクをけなすような暴言を何度か吐き、ほとんどの時間、バーにいたほかの男とチークを踊っていました。

できるだけ自分を抑えようとしていたジェイクも、ついにキーシャにこう言いました。「君はかなり酔っぱらってる。それにもう遅いから帰ろう」。でも彼女はジェイクに罵声を浴びせ、ダンスをやめようとしませんでした。ジェイクもさすがにキレてしまい、「このあばずれ女！」などと言って応戦し、ひとりで帰ってしまいました。

翌朝、彼女の友人に送られてキーシャが帰ってきました。その日はそれからずっと、彼女はジェイクに一言も口をききませんでした。彼も何も言わないよう我慢していましたが、何時間も惨めな気分にさいなまれたあげく、結局「あばずれなんて言ってしまって、悪かった」と謝ったのです。

その週の後半、「ナイスガイ症候群」克服グループにやってきた彼が、いささか気が進まない様子でその出来事について話しだすと、グループのメンバーたちは、愛情をもって彼に向き合いました。メンバーたちは「君が奥さんの堪え難い行動に甘んじて耐えていることで、奥さんはやりたい放題やることが許されていると思っているんじゃないかな」といった指摘をし、「問題はキーシャではなく、君のほうにあるのかもしれないよ」と話しました。ジェイクが変わらないかぎり、彼の妻は変わろうという気さえ起こさないだろうし、今、境界線をきちんと引かなければ、結婚生活を望ましいかたちにするチャンスを失ってしまうだろうということです。

翌日、ジェイクは妻と真っ向から向き合いました。この状況の中で自分が果たすべき役割がはっきり分かったのです。彼は妻にこう言いました。自分はもう許し難い行動を我慢する気はない。これからは自分の境界線をはっきり引くことにする。妻がほかの男とダンスしたりイチャついたりするのを黙って見過ごすことなど、今後は絶対にない。友人たちの前で自分が罵倒されるのを大目に見ることも絶対にない。とにかく、もし結婚生活を続けたいのなら、治療を受けて飲酒癖を治療したほうがいい……。そうはっきり言い渡したのです。

キーシャは「人からあれこれ指図されるなんて、まっぴらご免だわ」と言い返し、バッグに荷物を詰めると家を出て行きました。しばらく友人の家に泊めてもらうことにしたようです。その後数日間、ジェイクは最悪の気分でしたが、彼女に電話して戻ってきてくれと頼みたい誘惑と必死で闘い、誘惑に負けそうになるとグループのメンバーに電話するようにしました。

三日後の夜、キーシャから電話がありました。会って話したいと言うのです。やってきた彼女はこう言いました。「最初は、あんたなんか死んじまえと言いたかったけど、あなたの言うことが正しいって分かったの」。さらに彼女は、今までの結婚生活で初めて彼に対して尊敬の念を抱いたと言い、結婚生活をダメにしたくないし、うまくやっていくために必要なことは何でもするとまで言いました。翌週、キーシャは治療を始めました。

23 こうして克服！

境界線の設定を学ぶ前に、境界線からどのくらい下がれば、争いを避け、安全を確保できるのかを把握しておこう。次の一週間、自分を観察して、次のような点に留意しよう。

- 「いいえ」と言うべきときに「はい」と言っていないか？

・争いを避けるために相手に妥協して行っていることはないか？
・誰かの機嫌を損ねたくないので、やるべき行動をとらないということはないか？
・堪え難い状況を、ひたすら早く終わってくれと願いながら我慢していることはないか？

そうした自分の行動をメモに残し、信頼できる人と話し合ってみよう。

人生は山川谷ありだからこそ楽しい！

順調な人生を送るための「秘訣」などありません。「善い子」でいたり、物事を「きちんと」やったりしても、それがナイスガイたちを、秩序もなく絶えず変化する人生の現実から守ってくれることなどないのです。ナイスガイたちの思考パターンは、顔の前で砂を蹴られ、食洗機に食器を入れるやり方にいちいちダメ出しをされるような嫌がらせも許してしまう意気地なしをつくりだすだけです。

克服過程にあるナイスガイたちは、肩ひじ張ることをやめ、現実をしっかり見つめ、自分の感情をきちんと表現し、不安と向き合い、首尾一貫した誠実な態度を身につけ、他者との間に境界線を引くことを学ぶことによって、自分本来のパワーを取り戻すことができます。そしてそのパワーによって人生の試練を敢然と受け入れ、天からの贈り物を手にすることができるようになるのです。

人生はメリーゴーランドではなくジェットコースターです。自分本来のパワーを取り戻せば、ナイスガイたちは今まで思ってもみなかった世界の美しさを体感することができるでしょう。人生は平坦な道ばかりではありませんし、常に心地よいものでもありません。でもだからこそ驚きに満ち、可能性を秘めた冒険ともいえます。

切り開いていくのは自分自身。ぜひ楽しい冒険にしようではありませんか！

第6章

男らしさを取り戻そう

ここ何十年か、男はいろいろ言われてきました。でも男は男。それでいいのです。

不幸にして、第二次世界大戦後に生まれた男たちは、男であることが必ずしもいいこととは考えられないという、史上類を見ない時代に育ちました。そうした風潮は、主に、戦後に起こった家庭と社会の大きな変化によってもたらされたものです。第二章でもお話ししましたが、その時代、少年たちは男としての模範となるべき父親やほかの健全な男たちから切り離されてしまい、母親をはじめとする周りの女性たちから認められること、女性たちが考える男の理想像を受け入れることが必要になったのです。

こうした二つの大きな変化によって、多くの少年たち、男たちは、例えば父親やそのほかの「ダメな」男たちが持っている特徴を隠したり手放したりすることで、「女性は僕にこうあってほしいと思っているんじゃないか」と彼らが思い込んだ男になろうと考えるようになりました。愛され、自分の欲求が満たされ、平穏な人生を過ごしたければ、そうした戦略をとらざるを得なくなったのです。

そして二〇世紀後半にわたってさらに続いた社会的変化によって、こうした考え方はもはやベビーブーム世代の男たちだけに特徴的なものではなくなりました。私のカウンセリング経験からしても、三〇代、二〇代、そして一〇代でも、まぎれもなくナイスガイ的思考を持った男たちは増えており、男たちがどんどん受け身になっているという実感があります。

つまり、社会の変化によって、以下のような傾向を持つナイスガイたちがどんどん増えているのです。

①ほかの男たちとの接点がない
②男らしさとは無縁
③母親が第一
④重要なのは女性から認められること

■ナイスガイの傾向❶——ほかの男たちとの接点がない

私は、ナイスガイたちからよく以下のような言葉を耳にします。

- ほかの男たちといると落ち着かない。何を話せばいいのか分からない
- 男というのは、どうしようもないヤツばかり
- 昔は男の友人とよく飲んだりしたけど、妻が何かとうるさいので疎遠になってしまった
- ひとりでいることが多い

ナイスガイの多くは、概して周囲の男たちとの付き合いが苦手です。子供時代、父親など周りの男たちとの強い結びつきがなかったので、普通の男たちと実のある関係を築くうえで必要な基本的スキルを学ぶことができなかったのです。

「自分はほかの男たちとは違う」という思い込みも、ナイスガイたちに共通する特徴です。こうした歪んだ思い込みは、彼らが子供時代に、父親が「ダメ人間」だったり、家にいないことが多く会えなかったりで、「自分は父親とは違う人間になろう」と思うようになったことから形成されたものです。大人になってからも、彼らはこうした思い込みを周囲の男たちとの人間関係に持ち込み、「自分はほかの男たちとは違う」「自分はほかの男たちよりマシなんだ」と考えるようになります。

そう思い込む理由は次のとおりです。

- 自分は相手を支配するような男ではない
- 自分は怒ったり怒鳴ったりしない
- 自分は暴力的ではない
- 自分は女性の望みに敏感だ
- 自分はセックス上手だ
- 自分は善い父親だ

周囲の男たちとはあまり付き合わず、ほかの男たちとは違うと思い込んでいることもあって、ナイスガイたちは、男同士ならではの絆や男社会ならではの力といったものからも切り離されてしまうことになります。

24 こうして克服！

今のリストにもう一度目を通してみよう。そして意識的にせよ無意識的にせよ、あなたが父親などの男たちとどのように違う人間になろうとしてきたかについて、考えてみよう。また、自分はほかの男と違うという考えによって周囲の男たちと疎遠になっているとしたら、具体的にどのようなかたちで疎遠になっているかについても考えてみよう。

■ナイスガイの傾向❷――男らしさとは無縁

「男が、個人として、仲間として、種として生き抜いていくために授けられた特質」。私は、それが男らしさであると考えています。この男性的なエネルギーがなければ、私たち人類は太古の昔に絶滅していたことでしょう。男らしさは、創造し、生産する力を男に授け、自分の大切な人たちを守り、そのために備える力をも授けます。強さ、規律、勇気、情熱、粘り強さ、首尾一貫した誠実な態度。それらが男らしさを構成する要素です。

一方、男性的なエネルギーは、ともすれば攻撃的で破壊的で、残忍な行動に結びつくこともあります。ほとんどの女性は、そうした特性に恐怖を感じますが、ナイスガイたちも同様で、そうした特性を何とかして隠そうと躍起になります。

ナイスガイの多くは、男性的なエネルギーのそうしたマイナス面を抑え込めば、女性たちから認められると信じ込んでいます。一九六〇年代以降、私たちの文化に男性を悪者扱いする風潮が浸透したことを思えば、理にかなった話かもしれません。ただ皮肉なことに、ナイスガイたちからは、女性たちは彼らのようなナイスガイではなく、彼らからすると「どうしようもない」タイプの男たちに惹かれているようだ、という嘆きの声をよく聞きます。実際、女性たちに話を聞いてみると、ナイスガイたちにはあふれるばかりの生命力が感じられなくて、惹かれる部分がほとんどないといった言葉が返ってきます。女性が「どうしようもない」男たちに惹かれてしまうのは、そういう男のほうが、ガツンとくる男らしさを備えているからだと言うのです。

ナイスガイたちは、男らしさのマイナス面を抑え込もうとして、同時に男らしさのプラス面である力強さをも抑え込んでしまっています。その結果、たいていのナイスガイは、性的エネルギーや競争力、独創性、自己主張、積極性、強引さ、自己顕示欲、そして活力といったものを失ってしまうのです。公園で遊んでいる少年たちをご覧なさい。そこは、こうした特性の展示場みたいなものです。こうした特性は、抑え込まずに備えておくべき価値がある。私はそう確信しています。

ナイスガイたちが男性的なエネルギーを抑え込んでしまうと、どういう結果をもたらすか。例えば家族の中でまったくリーダーシップを発揮できないというのが、その典型的な例でしょう。パートナーの機嫌を損ねてしまったらどうしよう。自分の父親は支配的で、権威主義的で、ガミガミ怒ってばかりだったけれども、自分もそんな父親だと思われたらどうしよう。そういう恐怖心から、家族が求めているはずのリーダー役を果たせずにいるナイスガイたちは大勢います。その結果、家族を引っ張っていくのは妻の役割になります。私が話を聞いた女性たちの多くは、そうした役回りなど望んでいないのですが、結局はリーダーにならざるを得ないのです。

■ナイスガイの傾向❸——母親が第一

母親との精神的な結びつきがきわめて強いのも、ナイスガイたちに共通するパターンのひとつ。それは、正常な発達過程が歪められてしまったことで形成された無意識の絆です。詳しく見てみましょう。

幼い男の子は、母親に対して恋愛感情にも似た執着心を抱き、母親のすべてを独占したいという願いを持つのが普通です。健全な父親、母親なら、息子がそうした発達段階をきちんと通過して育っていけるよう見守り、支援します。それによって、男の子はやがて母親から自立することができ、父親など男性との結びつきを強めいていくようになり、青年になると、別の女性と親密な関係を結ぶための準備を始めるのです。

こうした健全な成長を促すうえで、父親、母親の果たす役割にはきわめて大きいものがあります。まず母親は、依存心を生まないよう注意しながら息子の欲求を満たせるよう、必要なものを充分与える術を体得しなければなりません。一方で、自分の心の隙間を息子という存在で埋めたりすることがないよう、自分自身の欲求をきちんと満たす術も学ばなければなりません。そうすれば、息子を使って心の隙間を埋めようとする気も起きないからです。一方、父親は、できるだけ息子と一緒にいる時間をもち、健全な絆を結ばなければなりません。この絆があるからこそ、少年は居心地のいい母の膝から下りて、試練に満ちた男の世界へと飛び込んでいけるのです。

先ほどお話ししたように、ほとんどのナイスガイたちは、子供時代に父親と親密な関係がなかったと語っています。父親との絆が弱かったため、多くのナイスガイたちが母親と不健全な絆を結ぶことを余儀なくされました。そして、母親が怒りっぽく、口うるさく、支配的だったりすると、そういう母親を何とかして喜ばせなければならないというかたちで、絆が形成されてしまいます。愛情に飢えた母親、依存心が強く、息子にベッタリの母親の面倒をみなければならない、という状況から形成された絆もあるでしょう。助けてくれるはずの父親の存在が希薄である以上、こうした男の子たちは、とんでもない状況を自分ひとりの力で乗り切らねばならなかったのです。

怒りっぽく支配的な母親をなだめなければならない。あるいは、母親の「小さな夫」にならなければならない。子供時代のそうした状況から、無意識的にまず母親を第一に考えてしまい健全な自立ができなくなる、という心のパターンが形成されることになります。

ナイスガイの心の中には、子供時代の条件によって、そうした母親第一のパターンができてしまっているので、彼の妻になった女性は、何となく「この人は、心から私と向き合ってはいない」と気づくようになります。その原因が、夫とその母親との絆にあることまでは分からないにしても、何かが欠けていることは何となく分かるのです。

アニタは五〇代後半の女性。彼女の夫は、まさにそうした母親第一のナイスガイでした。「夫が浮気をしているようなので、アドバイスしてほしい」と彼女は電話で話し、個人カウンセリングの予約をしてきたのです。カウンセリングにやってきた彼女は、ソファで引きつったような笑みを浮かべていました。

「本当はカウンセリングなんか受けたくなかったんです。でも、誰に話していいのか分からなくて……。とにかく、気が変になりそうです。私、夫が秘書と浮気していると思っています。夫は否定しますが、とにかく何かあるのははっきりしています。証拠だってたくさんありますし」

アニタの顔から笑みが消え、悲しそうな表情に変わりました。ティッシュを取り出して、目の端に当てています。

「夫のダットンには、このところいろんなことがありましてね……。仕事のプレッシャーもきつそうですし、資金繰りも大変らしくて……。去年は、母を亡くしたんです。夫と母親はかなり仲がよかったので、夫も相当つらかったと思います」

アニタは夫の浮気疑惑について話しているのですが、なぜか必ず夫の母親の話題に戻ってしまうのです。

「間違っているかもしれませんが、夫が秘書にちょっかいを出すようになったのは、義母が亡くなった直後からだと思うんです。人生に空いた穴を埋める何かが必要だったのかもしれません。義母のことは、私も好きでしたよ。人柄もいいですし……。でも私、夫と私の結びつきより、夫と義母との結びつきのほうが強いんじゃないかって、いつも感じていたんです。おかしいですよね、義理の母親に焼きもちを焼くなんて……」と彼女は自嘲気味に言いました。

私は、ダットンの家族についてもっと話すよう促しました。

「父親を除けば、自分の家族は最高だと、夫は思っているようです。母親がいたからですよ。義母は本当に聖人みたいな人でしたから。父親は、子供たちにそれはそれはつらく当たる人でしたので、子供たちの教育は、母親頼みになっていたんです。義母は子供たちの話にきちんと耳を傾けて、いつもそばにいてくれる、そういう母親だったみたいです」

アニタは、夫の浮気疑惑以外の話ができて少しホッとしているように見えました。

「義母が亡くなる前、ダットンは、自分でお金を出して両親の家に新しいカーペットを買ってあげました。すてきなリクライニング式の椅子も二脚買いました。父親がそんなことをする人じゃないと分かっていたからです。母親を送り迎えすることもよくありました。これも父親がそんなことをする人じゃないからです。本当に、義母のことはいつも特別扱いだったんです。夫は、母親があいう父とずっと暮らさなければならなかった――その埋め合わせをしたかったんだと思います。ある時私は腹が立って、『あなたは、私よりもお母様のほうを大切にしているのね』と、夫をなじりました。そうしたら、夫は激怒しましてね」。アニタは、両手で爆発のジェスチャーをしました。『二度とそんなことを言うな』と怒鳴ったんです。その後二週間、口もきいてくれませんでしたよ。それからは、その話題を持ち出さないようになりました」

しばらく間を置いてから、アニタはこう言いました。「先生、義母が亡くなったことと、夫が不倫していることには、何か関係があると思いますか？　夫と母親はとても強い愛情で結ばれていました。義母が亡くなった今、夫の秘書がその隙間を埋めているんだと思うんです。バカバカしい話に聞こえますか?」

■ナイスガイの傾向❹——重要なのは女性から認められること

育ってきた家庭環境や社会の変化の影響で、ナイスガイたちは、とにかく女性に認められなければならない、という思い込みから抜け出せずにいます。彼らは、「女性は自分にこうあってほしいと思っているんだろうな」と勝手に思い込み、そういう男になろうとします。「女性はこうしてほしいと思っているはずだ」と勝手に思い込んだことをやろうとします。にもかかわらず、なかなか認めてもらえないので、結果としてものすごいフラストレーションを抱えてしまうことになります。

一般的に女性は、女性の機嫌をうかがい、必死で喜ばせようとするようなタイプの男を弱々しい男と見なし、軽く見る傾向があります。ナイスガイたちのフラストレーションは、この残酷な現実からきています。女性たちが求めるのは、女性を喜ばせようと躍起になる情けない男ではなく、まずは自分自身を楽しませる術をしっかり身につけた男です。女性たちに話を聞くと、ほとんどが異口同音に「従順で、おとなしいだけの意気地なしは願い下げだわ」と言います。女性が求めているのは、ドーンと構えた、雄々しく堂々たる男なのです。

雄々しく猛々しい男になろう

男同士で付き合いもせず、女性に認められることばかり考えているために、ナイスガイたちは、人生も恋愛も、自分の思いどおりにすることができずにいます。何としても男らしさを取り戻し、そんな「ナイスガイ症候群」の影響から抜け出したいものです。そのためには、まず雄々しく猛々しい男であることはいいことなのだと信じること、そして男らしさの特性をすべて受け入れることが大切です。男らしさを取り戻すためには、例えば以下のようなことが役立つはずです。

①周りの男たちと接点を持つ
②体を鍛えて強くなる
③健全な模範となる男性を見つける
④父親と自分の関係を見直す

■男らしさを取り戻す方法❶――周りの男たちと接点を持とう

男らしさを取り戻すうえで、ほかの男たちとの接点を持つことは絶対不可欠。意識的に努力して男たちと付き合い、積極的に男同士の友情が生まれる関係をつくるようにしましょう。そのためには、そのための時間をきちんと確保し、リスクを恐れず、自分の心の内を率直にさらけ出すことが必要になります。特に重要な要素は時間です。ナイスガイたちが男の付き合いから遠ざかってしまうのは、隣人と話したり、友人に電話をしたり、野球を見に行ったりする時間をきちんと設けていないからです。妻や家族、仕事などでがんじがらめになっているのです。そうしたことから一度離れてみることが必要です。

ほかの男たちがしているようなことを一緒にしてみるのも、男同士の付き合いです。特にこれが正しいというものはありません。何かのチームに参加したり、スポーツ観戦に出かけたり、教会の催しに参加したり、夜に集まってポーカーをやったり、ボランティア作業に参加したり、釣りに行ったり、ジョギングをしたり……。みんなでぶらぶらと時間をつぶすだけでもかまいません。

周りの男たちと接点を持つと何が変わるのか。アランの例で見てみましょう。アランは、自分自身のために何かをするのが苦手で、特に周りにほかの男たちがいたりすると、何もできませんでした。そんな自分を変えようと、まず始めたのは、自分が今までほかの男たちから遠ざかっていた原因を、彼なりに探ってみることでした。

そこで、手始めに男性だけのカウンセリンググループに参加してみることにしました。グループ以外の男たちとさまざまなことをやれるようになるまで、一年以上かかるような状態でしたが、とにかく行動し始めた彼に、メンバーたちは、「君が周りから離れてひとりぼっちになってしまうのは、無意識に自分を守ろうとする傾向があるからじゃないかな」といったコメントをするようになりました。メンバーたちは、アランと妻との関わり方についても変えてみるよう勧めました。

アランはスポーツクラブにも入って、ほかの男たちとバレーボールやラケットボールをやるようになりました。その後クラブでソフトボールのチームを立ち上げることになりましたが、アランは率先して立ち上げメンバーに加わりました。ただ、遠方での試合のために数日家を留守にしなければならないときなど、家族から離れてひとりで出かけることにはまだ抵抗感がありました。

結局数年かかりましたが、現在、アランには親しく付き合っている男の友人が何人かいて、それ以外の男たちとも定期的に会っています。そればかりか、年に一度、週末に男同士で車を飛ばし、ゴルフに出かけるようにもなりました。今や、このゴルフ旅行は、彼にとって一年でいちばん楽しみなイベントになっています。

アランも妻のマリーも、アランが積極的に男たちと付き合う決心をしたことで、二人の結婚生活も救われたと思っています。以前のアランにとって、心のよりどころは妻だけでした。とにかく妻を喜ばせる、妻をハッピーにすることが彼の生活の中心でした。しかし典型的なナイスガイの例に漏れず、万事「暗黙の契約」のもとで行動していたために、自分が妻にしてやった分だけの見返りがないことで、いつも恨みがましい思いを抱え、ときに「受動攻撃」的な態度に出ることもありました。でも、男同士の付き合いの中で彼が自分の欲求を満たし、周りからの信頼も集めるようになると、妻が感じていた心の重圧もだんだん小さくなっていったのです。

アランが自らの男性的エネルギーを取り戻すようになって、マリーは夫のことを以前よりずっと魅力的だと思えるようになりました。当初アランは、「今後は、友人たちと出かける時間をつくる」という決意を妻に伝えることにかなりの抵抗感を覚えましたが、その言葉を実行に移した夫を見て、マリーは尊敬の念さえ抱きました。そして、新たに芽生えた尊敬の念は、付き合い始めたころに彼女がアランに抱いた感情に再び火をつけたのです。

アランも実感したとおり、ほかの男たちとの人間関係を育むことで、ナイスガイたちは数えきれないほど多くのものを得ることができます。彼らにもたらされる最大の恩恵――それは何といっても、女性たちとの関係が改善されることでしょう。私はナイスガイたちにいつも、「ガールフレンドや奥さんとよい関係をつくるための最善の方法は、男の友人をつくることです」と言っています。男たちとの付き合いの中で自らの内的欲求を満たすようになると、ナイスガイたちが女性との関係において抱いていた依存心や、何とか振り向いてもらおうという気持ち、何とか自分の思いどおりに事を運ぼうとする気持ち、恨みがましい思いなどがどんどん小さくなっていくのです。

男同士の人間関係を育めるようになると、ナイスガイたちは、何とか女性から認めてもらおうとすることもなくなり、女性の思惑で自分が左右されることもなくなります。ガールフレンドや妻に怒られたり、「ダメ人間」呼ばわりされても、男の友人たちが自分のことを認めてくれることが分かっているので不安に感じることもありません。そのため、妻やガールフレンドに機嫌を直してもらおうとあれこれ策を労したり、何とか喜んでもらおうと躍起になったりする必要もなくなるのです。

男たちとの友情は、途方もなく深く緊密なものになる可能性を秘めていますが、それは、そこに性的な絡みがないからです。ナイスガイたちは、パートナーを怒らせて、セックスなんかしたくないと思われたら大変だと思うあまり、何とかそういう事態を避けようとあらゆる手を尽くしますが、男同士の付き合いでは、相手を喜ばせようとしたり、なだめたり、嘘をついたり、お節介を焼いたり、犠牲になったりする必要性を感じずにすみます。性的な絡みがないために、女性との関係において感じる不安や心細い思いもないわけです。

母親第一主義からの脱却

男同士の関係を育むことは、ナイスガイたちが無意識的に結んでいる母親との強い絆を断ち切るうえでも大きな役割を果たします。男の子というのは、できるならば父親から母親を奪って独占し、母親とつながっていたいという不健全な思いを無意識レベルで抱くものですが、通常は周りの同性と健全な関係をつくることでそうした願望を克服し、成長していきます。男たちとの人間関係が健全な解決策となるわけです。

娘のジェイミーが一八のころに付き合っていたボーイフレンドは、まさに母親との見えない絆に縛られた青年でした。彼の父親は出張が多いために、彼が頼りにしたいときにいないことが多く、厳格で、何かと口うるさい人物でした。一方母親は息子を溺愛し、息苦しいほどの愛情で息子を包んでいました。母親にとって息子は、感情の隙間を埋める「小さな夫」だったのです。

ジェイミーは、彼の気を引いたり愛情を求めたりするときに、自分がそんな母親と張り合っているのではないか感じることが何度かありました。でも、残念ながら、母親は息子ベッタリでしたので、勝つのはいつも母親のほうでした。ボーイフレンドの母親に嫉妬し、彼の心を勝ち取ろうと競い合っているような状況に、ジェイミーは違和感を覚えていたようです。それでも彼女は、「彼とお母さんは、きっと『とても』仲良しなんだ、そういう関係もあるんだ」程度に考えて、そういう状況をやり過ごしていたのです。

ある金曜の夜、ジェイミーと夕食に出かけたのですが、食事中、娘はボーイフレンドの母親と張り合わなければならないことをめぐる不満をぶちまけてきました。ちょうどそのとき、彼は入隊した海兵隊の新兵訓練のために遠くにおり、寂しさも募っていたのでしょう。私には、もちろん娘の気持ちがよく分かりましたが、ありのままの事実を伝えることにしました。

「おまえのボーイフレンドは、典型的なナイスガイだな」と、娘に言いました。「幼いころから、母親と目に見えない絆で強く結ばれているんだ。だから、残念だけど、彼が本当の意味でおまえと完全な絆を結ぶことは、絶対にない。今後、二人の間には障害になるようなことが必ず起きる。おまえはその障害にばかり目がいってしまい、それが問題なんだ、と考えるだろうが、それは違う。本当の問題は、彼と母親との関係にあるのだから」

ジェイミーは私が言ったことが気に入らない様子でした。でも、彼女は一八にしてはかなり鋭い勘の持ち主で、私の話が意味するところは理解したようです。思い当たるふしがあるらしく、「そういえば、こんな場面を見たことがあるわ」と、いくつかのエピソードを話してくれました。

「私たち、望みはある？」とジェイミーが尋ねました。「彼が母親から自由になって、私のほうをきちんと向いてくれる。そんな可能性はあるのかしら」。「あるとも」と私は答えました。「解決策はひとつだけ。彼が、父親との間に結べなかった男同士の絆を、ほかの男たちと結ぶことだね。そういう意味では、彼が今海兵隊にいて、多くの男たちとの接点があるのはいいことかもしれない。おまえも何かとサポートしてあげられるはずだ。おまえたちが、このまま付き合っていくにしても、ゆくゆくは結婚するにしても、男同士の付き合いを大切にするように、おまえから言ってあげるといい。彼が母親との見えない絆を断ち切れるかどうかは、男同士の付き合いがきちんとできるかどうかにかかっているんだよ」

それから一カ月ほどたったある日、ジェイミーは、新兵訓練の卒業式に出席するために、彼の両親とサンディエゴに行きました。彼の母親は、例によって息子を独占したがり、「息子は自分のものよ」とでも言いたげな態度です。ただジェイミーは、彼のちょっとした変化に気づいていました。驚いたことに、彼が母親との間にきちんと境界線を引き、甘えるように近づこうとする母親を拒絶するような場面が何度かあったのです。

ジェイミーには、この変化が、彼が新兵訓練で仲間との間に確かな絆を結び、男らしさとは何かをしっかり学んだことからもたらされたものであることが、はっきり分かりました。

25 こうして克服！

あなたがもっとよく知りたいと思う男友だちを三人挙げてみよう。三人の男たちの名前を書き出し、それぞれの名前の横に、彼と一緒にやれそうなことを書いてみよう。さらにその横に、この日までに必ず連絡をとる、という期限を記入し、その期限を必ず守ろう。

■男らしさを取り戻す方法❷――体を鍛えよう

男らしさとは、強さと力を意味します。でもナイスガイたちは、子供時代の経験の影響からそうした特性を恐れる傾向があるため、結果として性格的に柔和で、肉体面ではひ弱な男になりがちです。ソフトな男であることを誇りにしているナイスガイもいます。もちろん、私はジムでワークアウトに励んだり、武術の鍛錬に励むナイスガイたちにも数多く出会ってきましたが、そうした男たちも、どこか強さを恐れているところがあります。

自分の男らしさを受け入れるということは、自分の肉体、力、そしてそれらが秘める可能性をも受け入れることを意味します。自分の男らしさを引き受けるには、例えばジャンクフードで食事を済ますような生活はやめ、男らしさを表す頑健な肉体をつくるよう鍛えなければなりません。そのためには体にいいものを食べ、薬やアルコールなどはやめ、筋肉をつけ、たくさん水を飲み、よく遊び、よくリラックスし、十分な休息をとることが必要です。そしてランニングや水泳、ウェイトトレーニング、武術、バスケットボール、バレーボール、テニスなどの運動によって体を鍛えることで、自信に満ちたいきいきとした人生を歩んでいくエネルギーに変えていくのです。

そうした取組みに成功したナイスガイに、トラヴィスがいます。彼は五〇代前半の弁護士で、結婚生活の悩みを解決しようとカウンセリングにやってきたのですが、最初のカウンセリングですぐに明らかになったことが二つありました。ひとつは、彼が典型的なナイスガイであること。もうひとつは、彼が薬やアルコールの問題を抱えていたこと。私は彼に、今後カウンセリングを続けるのであれば、まずは薬物とアルコールの依存度を調べてもらい、酒をやめてアルコール依存症克服グループに参加することが条件になる、という話をしました。彼はその条件を受け入れたうえで、「ナイスガイ症候群」克服グループのひとつに参加させてくれないか、と尋ねてきました。

その後の数カ月間、トラヴィスと妻との関係は一進一退を繰り返しました。ただ、結婚生活の問題もさることながら、彼には生活習慣上の問題点が多々あることも明らかになってきました。まず、彼の食事はほとんどがファストフードでした。しかもチェーンスモーカーで、コーヒーを一日に何杯も飲み、一日中働きに働いて、運動などまったくしない。そういう生活を送っていたのです。

その後の数カ月で、トラヴィスはそうした問題にひとつずつ取り組み始めました。まずは忙しい日々の中できちんと時間を設けてアルコール依存症克服グループに参加し、一緒に取り組む仲間たちと時を過ごしました。次に、何年もの間先延ばしにしてきた手術を受けることにしました。二、三日煙草を吸えなくなるので、彼はこれを機にきっぱり煙草をやめようと決心しました。退院すると、彼はランチタイムにウォーキングをするようになりました。水をたくさん飲むようになり、コーヒーや、ソフトドリンクの類いは大幅に量を減らしました。やがて彼は、一週間仕事を休んで、友人たちとアラスカに釣りに出かけるまでになったのです。

ナイスガイ克服グループに参加して一〇カ月ほどたったころ、トラヴィスからグループのメンバーたちに、離婚の手続きを始めたという報告がありました。生活習慣を変え、グループのサポートを受けるうちに、彼は、いさかいの絶えない妻との関係が、やめるべき最後の生活習慣であることに気づいたのです。離婚の決断を伝える一方で、妻から「グループのせいで、私たちの結婚生活は台無しになった」と非難されたという話もしました。トラヴィスは小さくほほ笑み、目尻ににじんだ涙をぬぐってから、こう言いました。「でも私は、このグループのおかげで強くなれたと思っています。皆さんの助けがなければ、私はここまで変われなかったでしょう。このグループは、私たちの結婚生活を台無しにしたのではなく、私の人生を救ってくれたんです」

26 こうして克服！

あなたがやっている、体によくないことを三つ挙げてみよう。そして、今すぐ始められそうな、体によいことを三つ書き出してみよう。

■男らしさを取り戻す方法❸——健全な模範となる男性を見つけよう

私はナイスガイたちに、彼らが考える健全な男とはどういうものか、彼らが育みたいと思う男の特性は何かについて考え、具体的なイメージを持つよう勧めています。はっきりしたイメージがあれば、自分の周りでそうした資質を持つ男たちを探しやすくなるからです。そういう男たちは、いつも通っている教会にいるかもしれませんし、自分が働いている会社や、自分がメンバーになっているソフトボールチームにいるかもしれません。テレビや映画の登場人物にも、そういう男たちがいるかもしれません。いずれにしても、そうした男たちの生き方をつぶさに観察し、世の中とどう向き合っているのかを知り、自分より健全な男の模範として見習うことが大切です。

かく言う私も多くのナイスガイたち同様、さまざまな模範を参考にすることで、男らしさを身につけようと努力をしてきました。男っぽい遊びが得意な男、一生懸命働く男、自分のこと、自分の気持ちをもったいつけずに話せる男、敢然とリスクをとり、果敢に挑戦する男……。そうした男たちと積極的に友だちになり、友情を育むよう努めたのです。私は、こうした男たち一人ひとりを、男らしさを取り戻すための手本とし、その手本のおかげで、男とはどういうものか、どうあるべきかを理解することができるようになりました。

27 **こうして克服！**

あなたが想像する健全な男を具体的に思い浮かべてみよう。彼らはどのような特性を備えているだろうか。書き出してみよう。自分の周りにそういう男はいるだろうか。いるとすればあなたは彼のどこを見習えばよいだろうか。

■男らしさを取り戻す方法④——父親との関係を見直そう

これまで何度もお話ししてきたように、ほとんどのナイスガイたちは、子供時代に父親と親密な関係をつくることができなかったと語ります。受け身でやる気がない、相手をしてくれない、不在がち、欠点をあげていけばキリがない……。それが彼らの父親だったのです。ナイスガイたちが男らしさを取り戻すには、自分の父親との関係を再検証し、大人になった現在の視点で父親を見直してみることが必要です。

このプロセスに取り組むナイスガイの例として、四〇代半ばのコンピュータープログラマー、マシューを紹介しましょう。ある日の克服グループの会で、彼は、「自分の父親が死んだとしても葬式には出たくない」と話しました。その何カ月か後、グループのディスカッションを通じて父親と自分の関係について考えた彼は、父親に電話してみようと決心しました。子供のころ、父親が家族の中で果たすべき役割を果たしていなかったことについて、直接問いただしてみようと思ったのです。

子供のころ母親は、いつも夫のことを「悪人」だと言い、自分はその犠牲者なのだと言っていました。ところが、父親と話してみると、たしかにさまざまな問題はあったかもしれないけれども、母親がいつも言っていたほどの悪人ではなさそうだ、ということが分かってきました。この電話での会話から彼がもうひとつ気づいたこと、それは、自分が妻との間に似たような関係をつくってしまっていることでした。彼の場合、妻を「悪人」に、自分を被害者に仕立てていたのです。父親との会話は、自分と父親の関係だけでなく、自分と妻との関係を変える契機になったのです。

ナイスガイたちにとって、父親との関係を再検証することは、父親が本当はどういう人間なのか、どういう人間だったのかを、現在の自分の目で確かめることにつながります。その結果、言われなく汚名にまみれ、悪いイメージをまとわされた父親をドブから救い出してあげることにもなれば、逆に、何も考えず崇拝していた父親を祭壇から引きずり下ろすことになる場合もあるでしょう。いずれにしてもこの作業では、怒りにせよ恨みにせよ、自分が父親に対して抱いている感情を率直に表わすことが重要なのです。これは、父親がすでに亡くなっている場合も同様です。自身の中で父親との関係を見直し、自分が父親から受け継いだものは何か、父親と共有しているものは何かを確認し、それを受け入れることが重要なのです。

その目的は、あくまで父親を今の自分の目で見てみること。それによってナイスガイたちは、「父親もまた傷ついていたのだ」という気づきも含めて、父親の本当の姿を知ることができるようになります。そして、そうした見方の変化は、ナイスガイたちが自身をこれまでより正確に知り、今の自分をあるがままに受け入れ、自分の男らしさを取り戻すうえで欠かせないものなのです。

28 こうして克服！

両親をより正しく理解する。それもまた、男としての特性を引き受ける取組みの一環だ。このプロセスを効果的に進めるため、次のようなリストをつくってみよう。

- 左端に、自分の父親の特徴を、できるだけ数多く書き出す。
- 右端に、そうした特徴とは正反対のイメージを書き出す。

・これらの正反対の特性をそれぞれ線で結び、自分がどちら寄りになるか、線上にマークをつけてみよう。

この作業を通じてたいていのナイスガイたちは、自分自身について、そして父親について得られた新たな発見に驚きます。自分が、父親をいかに実際とは違う姿に歪めて見ていたかに気づくこともあれば、自分の今の姿は、父親のようにはなるまいと考えた反発心の結果だったことに気づくこともあります。自分もまた、自分のことを歪めて理解していることに気づくこともあるでしょう。間違った方向性の逆を目指しても、それが正しい方向だとはかぎらないわけです。

自分の人生が父親への反発に基づいているのであれば、自分はまだ父親に支配され、父親の影響下にあるのだと理解することもできるでしょう。父親と正反対ではなく、とにかく父親とは違う人間になるという方法もあることに気づくかもしれません。さらには自分と父親には、これまで自分が気づかなかった共通の特徴、あるいは自分も受け継ぎたいと思う特徴があることに気づくかもしれないのです。

次世代の男の子たちにナイスガイができること

息子たちを育てるなかで、私はあることに気づきました。それは、子供たちが育っているこの時代と、私たちナイスガイ世代が生まれてきた時代がきわめて似ていることです。現代の男の子たちも、やはりほかの男たちとの接点がなく、女性から認めてもらえるかどうかを心配しながら生きているのです。

私がそう実感したのはもう何年も前のことです。息子のスティーブが四年生になる直前の夏で、私たちは新しい家に引っ越したばかりでした。私は、ＰＴＡが開いたオープンハウス式のパーティに出席して、そこで目にした現実に衝撃を受けました。幼稚園から五年生までの担任となる教師の中で、男性はたったひとりだったのです。比率にすれば二〇対一。学年ごとに担任教師たちが紹介されて、体育館のフロアにずらりと並んだとき、私は男の子たちが最も多感な数年間をどのような環境で過ごすのかを、実に分かりやすいかたちで理解したのです。

ひとりのナイスガイとして、また一カウンセラーとして、私には、息子や娘も含めた少年少女世代全体に、新しい男らしさのモデルを伝えていく責任があることを痛感しています。ナイスガイたちを分析すればするほど、この分析作業が、「男であること、女であることとは何か」を示す適切なモデルを次世代に伝えていくための強力な手段であることを実感しているのです。

残念ながら私たちの文化には、男の子たちが、家庭や幼稚園、小学校など女性に支配された居心地のいい世界を出て、大人の世界に移っていく過程を大人の男たちが手助けする通過儀礼的な仕組みはほとんどありません。ロバート・ブライは、その著書『アイアン・ジョンの魂（こころ）』（集英社）の中で、こうした儀式の重要性について考察しています。

ブライによれば、「原始的な」社会では、少年たちは思春期を迎えるまで、実質上女たちによって育てられます。少年たちが女性の力がおよぶ世界を離れ、男たちの世界に移るべき時が来ると、戦いのための化粧をした部族の男たちが村にやってきて、少年たちをさらっていこうとします。それに合わせて、女たちは泣き叫び、抗議し、少年たちを放すまいと必死に抱き締めます。そして、男たちが少年たちを村の外に連れ出し、成年式の期間に向けた準備を始めると、女たちは集まってきて、口々に「私、どうだった？　私の抗議は真に迫ってたかしら？」などとおしゃべりを始めるのです。つまり、こうした村には、男も女も一致団結して少年を成人させるプロセスを儀式化し、支援する文化があり、それがきちんと機能しているわけです。

では、近年の私たちの世界ではどうでしょうか。男の子たちは、女性たちが支配する世界から移行しようとするのですが、自分たちの力だけではできません。そこで、思春期の少年たちは、母親たちさえ到底我慢できないような行動や態度に出るのです。だらしない格好をしてみたり、髪やヒゲをモジャモジャに伸ばしてみたり、攻撃的な行動をしたり、部屋に引きこもってみたり、だらしない座り方をしてみたり、音楽を大音量で鳴らしてみたり、悪態をついたり、しょっちゅう唾を吐いたり……。私に言わせれば、こうした態度や行動は皆、彼らが自分なりに果たそうとする通過儀礼にほかならず、それによって彼らは、母親との共生を可能にしてきた絆を断とうとしているのです。ただ、それでもなお彼らは、自分たちを母親のもとからさらっていってくれる男たちの手を求めています。そういう男たちがいれば、罪悪感や恥の感情を覚えることもなく、また自滅的な行動に走ることもなく、自然に大人の世界へ移行することができるからです。

そこで私が思うのは、克服過程にあるナイスガイたちなら、私たちのこの世界で男として生きることはどういうことなのかを示す、より健全なモデルを求める少年たちの手助けができるのではないか、ということです。少年たちには、男たちからしか学ぶことができない種類の事柄がありますが、自らの男らしさを認識することができたナイスガイたちなら、自分の息子世代にも、男であることが何を意味するのかを教えることができるはずです。自らの攻撃性や性的衝動をどう扱うか。女たちとどう関わり、男たちとどう絆を結ぶか。そして、おそらくこれが最も重要なのですが、自らの男らしさをどう受けとめるか……。ナイスガイたちは、自分の経験や教訓をふまえ、また少年たちとの対話の中で自らも学びながら、そうした大切なことを教えていけるのです。

克服過程にあるナイスガイのひとりとして、私もまた思春期の息子やその友人たちと過ごすことで多くを学んでいます。少年たちと一緒にいると、どうにも抑えきれない男としての衝動に駆られたような行動を目の当たりにすることがあります。そんなとき私は、攻撃性や性的衝動といった男性ホルモン関連の行動をどう扱えばよいのかを息子たちに教えますが、その一方で、自らのそうした衝動を自分がどう扱うべきかについても、彼らから学んでいるのです。

こうした双方向的なプロセスには、それなりの時間と意思疎通が必要になります。だからこそ父親たちは、息子たちと一緒に狩りや釣りに出かけたり、一緒に車の修理をしたり、職場に連れて行ったり、子供のチームをコーチしたり、野球に連れて行ったり、一緒に汗を流したり、友人と出かけるときについて来させたりする必要があるのです。そうやって一緒に活動する過程で、少年たちはスムーズに男の世界へと移行していくためのさまざまなヒントを得ることになるのです。

こうしたプロセスは、何も血のつながった子供たちだけに有効なのではありません。自分に子供がいなければ、親戚の子供たちに伝授することもできます。ボーイスカウトやスポーツチーム、学校行事、慈善団体など、機会はそこらじゅうにあるはずです。

子供たちに与える周りの男たちの影響について考えるには、トレイがいい手本になるかもしれません。彼は三〇代後半の独身男です。ある晩の克服グループの集まりで、トレイは、シングルマザーである自分の姉の息子、つまり甥についての話をしました。メンバーたちは興味津々でした。甥はまさに反抗期の真っただ中で、アルコールをあおっては暴れるといった問題行動ばかり繰り返していたからです。甥と同じ年齢のころ、トレイも経験したことです。グループのメンバーたちはトレイに「甥っ子さんに手を差し伸べて、大人の男として何か助言してあげたら?」と言って励ましました。

翌週の集まりに、トレイは晴れやかな表情で現れました。彼は甥をホームセンターに連れていき、材料を買い、二人で作業台を組み立てたのだそうです。甥は、大人の男と一緒に作業することで楽しい思いをしたようです。メンバーたちは、進むべき道が見えずにもがいていた少年に、手を貸してあげたトレイに感動したと、口々に言いながら散会しました。

29 こうして克服！

次世代の男の子たちが健全な大人の男になるために、どんな手助けができるだろう？ 知り合いの男の子三人の名前を挙げて、一緒にどんな活動ができるかを書き出してみよう。

次世代の女の子たちにナイスガイができること

ナイスガイたちが男としてのエネルギーを取り戻すと、男の子たちだけでなく、女の子たちも、その恩恵を受けることができます。ある克服グループのメンバーたちから、こんな話を聞きました。男のエネルギーが、ある女の子にとても力強く影響し、すばらしい成果をあげたというのです。メンバーのひとり、レマールには一二歳の娘がいます。彼女は骨肉腫を患い、片足を切断したうえで化学療法と放射線療法を受けなければなりませんでした。当然、彼女は数えきれないほどの日数を病院のベッドで過ごしています。ある金曜の夕べ、レマールが娘のベッドの横に座っていると、思いがけず克服グループのメンバーたちが現れ、レマールを夕食に連れ出しました。

つらい日々を送るレマールにとって、それだけでもありがたいことでしたが、メンバーたちがやってきたことで、もうひとつうれしいことが起こりました。何人もの男たちのエネルギーに触発されたのかベッドの上に起き上がったレマールの娘を、男たちがひとりずつ順番にハグをしたのです。その夜、彼女はいつもほど大量の薬を必要とせず、何週間かぶりにぐっすり眠ることができました。翌日、彼女が話すことといえば、前日の夜に彼女のもとにやってきた「私の仲間」のことばかりでした。

ナイスガイたちは、娘たちにも、本当の男とはどういうものかを教えることができるのです。父親が、心の境界線をしっかり引き、自分の欲求をはっきりと口に出し、一生懸命働き、創造し、生産し、男の友だちをつくり、他者の気持ちばかり気にするのではなく自分を大切にする姿を見せることができれば、娘にもよい影響を与えることができます。

男の子同様、女の子も、父親を見ることで、また父親と意思疎通を図ることで、男とはどういうものなのかを学ぶことができるのです。そうした男らしさのモデルの存在は、彼女たちが将来パートナーを選ぶときにも、きっとよい影響をもたらしてくれるはずです。

ナイスガイも周りの人たちを笑顔にできる

ナイスガイたちが男としてのエネルギーを取り戻せば、周りのあらゆる人々によい影響がおよびます。本人が男たちとのより深い絆を実感するようになるだけでなく、彼とパートナーとの関係もよい方向に進んでいきます。そして、新世代の少年少女たちは、健全な大人の男とはどういうものなのかを理解できるようになります。おそらくそれこそが、何より意義深い影響といえるかもしれません。

第7章

思いどおりの愛を手に入れよう
――パートナーとの関係を親密にするための戦略

「僕はどうしようもない妻の犠牲者です」

カールは三〇代半ばのビジネスマン。彼のカウンセリングは、まず彼の妻ダニータとの関係を分析することから始まりました。一九〇cmを超える長身で、ダークスーツとネクタイでビシッと決めたカールですが、私のオフィスのソファに座ったその姿はまるで少年のようでした。最も身近な存在であるはずの妻との関係に不満を抱え、無力感に打ちひしがれていることがはっきりと見てとれました。

結婚生活について話を聞いていると、彼が横暴な妻の前ですっかり萎縮していることが分かってきました。彼は妻のことを「いつも怒っている」と言い、妻について語るときには「情け容赦ない」とか「高圧的」といった言葉をよく使いました。妻の怒りを恐れるあまり、彼は嘘をついてでも妻と争うことを避けるようになったのだそうです。

「いろいろな点で、僕の母にそっくりなんです」。カールはそう言いました。「母は僕のやることなすこと、すべて気に入らないという女性でした。私は、母がガミガミ言い出したら、とにかくその場から離れて、耳を貸さないようになりましたし、母に知られたらまずいことは隠し、嘘をつくようにもなりました。そのせいで今でも嘘をつくのはかなりうまいと思いますよ」

現在の自分の話になると、彼はこう打ち明けました。「妻とのことを除けば、僕の人生は順調だと思います。妻さえいなければ、僕の人生は完璧なんです。妻は楽しい気分でいる方法を知らない人間なのかもしれません」

パートナーは最も身近な他人？

ナイスガイたちが私のオフィスを訪れる理由は大別すると二つです。ひとつは、「例えば浮気をしている」「ネットで次々とアダルトサイトを見てしまう」「マリファナを吸っている」といった、人には言えない行動が何かの拍子でバレて、妻や彼女との関係が危機的状況になったというケース。もうひとつは、こちらのほうが多いのですが、自分にとって最も大切な相手との関係に何か問題がある、うまくいっていないというケースです。例えば、「彼女が自分ほどセックスに関心がない」「ふさぎ込んでしまう」「怒っている」「相手をしてくれない」「男好きである」といった場合です。

こうした悩みを抱える男たちは、あるひとつのことさえできれば、問題は解決すると考えがちです。パートナーを怒らせてしまう何かひとつの行動さえやめれば、すべては解決すると思っている男たちもいますし、パートナーを何とかして変えることができれば、人生は素晴らしいものになると思い込んでいる男たちもいます。

ナイスガイたちが抱える不満や当惑は、身近な相手との関係からくるものがほとんどです。自分にとって大切な存在である彼女と心の通い合う幸福な関係でいたい。心底そう思っているのに、どうにも解けないパズルのように相手のことが理解できず、心を通わせることができない。そういうナイスガイが多いのです。

数知れないナイスガイたちとの出会いから私が導き出した結論は、以下のとおりです。

つまりナイスガイたちが、いくらパートナーと心通い合う関係でいたいと切望しても、内なる「自己否定志向」と、子供時代に身につけてしまったサバイバル術に縛られているかぎり、心を開かず自分を守ってばかりいるので、願いがかなうどころか問題が増えるだけ、というシナリオになるのです。

注記：私のもとを訪れる男たちの大多数は、男性ではなく女性と付き合っています。ゲイの男たちも、相手との関係で似たような悩みを抱えていることが多いのですが、この章では男女関係の例が多くなりますので、ナイスガイたちのパートナーのことは「彼女」と呼んでいます。

なぜ思いどおりの愛を手にできないのか

ナイスガイたちが思いどおりの愛を手にできない理由は数多くあるのですが、そのいくつかを挙げてみます。

①「自己否定志向」から抜け出せない
②相手と一緒に関係を悪化させてしまう
③関係にのめり込みすぎたり、逆に避けたりする
④子供時代の人間関係や親子関係を今も引きずっている
⑤母親に従わなければという無意識の思いから抜け出せない
⑥別れ話が苦手

■理想的な関係を阻む要因❶——「自己否定志向」から抜け出せない

心通い合う親密な関係とは、お互いが自分をさらけ出す関係のことです。自分が自分を知り、相手が自分のことを知ってくれて、自分も相手を知る。それが親密な愛情関係であると私は考えてい

ます。そのためには二人が励まし合ってお互いが自分の内側をのぞき込み、相手にものぞき込んでもらうことが必要です。ところがナイスガイの場合、「強い自己否定志向」があるので、自分の内面を見せることは死ぬほど恐ろしいのです。

親密な関係を築くには、ナイスガイが自分の心の奥深くを見つめ、相手にも見てもらうこと。お互い自分の心の隅々まで見えるくらいに近づくことが必要なのです。でも、ナイスガイにとってはそれが怖くてたまらない。見られることはバレてしまうことだからです。ナイスガイたちは、これまで「相手が望むとおりの」人間になるために、欠点と思う部分はすべて隠してきました。だから人と親密な関係になることに恐怖感を覚えるのです。

■理想的な関係を阻む要因❷──相手と一緒に関係を悪化させてしまう

自分でダメだと思う点を隠そうとすると、心の通い合う関係づくりは難しくなります。ナイスガイたちは、ひとたび深い関係に入ると、親密度のバランスをとろうとします。自分をさらけ出してしまうことへの恐れと、ひとりぼっちになってしまうことへの恐れとのバランスをとろうと必死でもがくのです。自分をさらけ出せば相手との距離が近くなりすぎて、自分のダメさ加減がバレてしまう。そうなれば自分は傷つけられ、ののしられ、相手は自分を見限って去っていく。そう思い込んでいるのです。

一方、いっそひとりぼっちになったとしても、いいことなどありません。周りから孤立すれば、子供時代にあれほど怖い思いをした「見捨てられ体験」を繰り返すことになるからです。

そこでナイスガイたちは、自分をさらけ出す恐怖と、見捨てられることの恐怖のバランスをとろうと、外に救いを求めることになります。例えば、自分と同じように傷ついている人や、親密な愛情関係づくりが苦手な人を見つけるのです。そしてこの二人は、それぞれが、自分の感じている恐れを相手に知られないよう自分を守ってしまうために、相手に対する不満を募らせていきます。

ナイスガイたちが抱えている悩みの原因は、パートナーが持ち込んできた問題にあるように見えるかもしれませんが、実はそうではありません。ナイスガイとパートナーが一緒になってそういう関係をつくってしまっていることこそが問題なのです。

ナイスガイたちは、問題を抱えた相手を見つけてくる傾向があるだけでなく、かなり深刻な状態になっている相手をわざわざ選ぶことも少なくありません。訳ありのシングルマザー、経済的に困窮している女性、怒りっぽい、何かの依存症になっている、うつ気味、肥満、性的関心がない、浮気性の女性といった相手ですが、相手が何らかの問題を抱えているという、その事実こそ、まさに彼らがそうした女性を招き入れる理由だったりします。パートナーの抱えた問題に自分の注意を向けていれば、ナイスガイたちは自分の心の中の「強い自己否定」と向き合わずにすむことになるわけです。そして、親密度のバランスをとろうとするこの行動によって、ナイスガイが築く愛情関係は、心通わせ合う親密なものとは程遠いものになっていくのです。

■理想的な関係を阻む要因❸――のめり込みと知らんぷり

ナイスガイたちが親密度のバランスをとろうとする行動は二つのかたちをとります。ひとつは、肝心の自分をはじめあらゆることも顧みず、二人の関係に深入りするというタイプ。もうひとつは、肝心のパートナーの心情には向き合おうとせず、外ではナイスガイ役を演じるというタイプです。ここでは前者を「のめり込み型」、後者を「知らんぷり型」とでも呼ぶことにしましょう。

「のめり込み型ナイスガイ」は相手の心情を第一に考えます。彼の世界は彼女を中心に回っており、仕事より、友人より、趣味より彼女のほうが大事。彼女を喜ばせることなら何でもします。贈り物もすれば、困りごとも解決する。スケジュールも彼女と一緒にいる時間優先で決める。彼女の愛を手にするためなら、自分の要望も欲求も喜んで犠牲にします。彼女の不機嫌も、怒りの攻撃も、何かへの依存も許し、セックスをしてくれない、話を聞いてくれないときも許してしまいます。なぜなら「彼女のことをとても愛しているから」です。

こうしたのめり込み型ナイスガイは、言ってみれば「テーブルの下の犬」。テーブルの下に座って、食べ物のかけらが目の前に落ちてこないかな、と待っている子犬です。こうしたナイスガイは、いつも彼女の足もとをぐるぐる回りながら、セックスに対する関心や自分のために割いてくれる時間、機嫌のいい時間、自分のほうを見てくれる時間といったおこぼれを待っています。そして、テーブルからたまたま落ちてきた残り物で妥協しているだけなのに、本人は何かとてつもなくすばらしいものを得た気分になっているのです。

「のめり込み型ナイスガイ」は、相手との親密な関係を切望し、そうした関係をいつでも結ぶことができるように見えるかもしれませんが、それは錯覚です。愛情を求めているかに見えるこうした行動は、言うなればパートナーの心にホースを取り付けるようなもの。ナイスガイは、このホースで彼女の人生を吸い上げ、自分の中にある空っぽの場所を満たしているのです。パートナーは無意識のうちにナイスガイのそうした傾向に気づいていて、ナイスガイが近づきすぎてホースをかけたりしないよう、必死で自分を守ろうとします。その結果、ナイスガイのパートナーは、ナイスガイが望む親密な関係を拒んでいるように見えるのです。

一方、「知らんぷり型ナイスガイ」は、「のめり込み型ナイスガイ」より扱いにくいタイプかもしれません。このタイプはパートナーとの関係より、仕事や趣味、両親などのほうを優先します。誰にでも愛想がいいのにパートナーに対してはまったく違うので、パートナーにとってはちっともナイスガイには見えないかもしれません。他人の車の修理を進んでやってあげたり、せっかくの週末を母親の家の屋根修理に費やしたり、二つも三つも仕事を掛け持ちしたり、子供の入っているスポーツチームのコーチを買って出たり……。このタイプはパートナーにベタベタつきまとったり、相手のために一生懸命になったりすることはありません。でもやはり、「暗黙の契約」に基づいて行動していることに変わりはなく、たとえ自分がパートナーの相手をしなくても、パートナーは自分の相手をするべきだと無意識に期待しているのです。

「のめり込み型」にせよ「知らんぷり型」にせよ、こうしたパターンが心が通い合う本質的な人間関係を生むことはありません。ナイスガイたちに安心感をもたらす役には立っても、愛されているという実感をもたらす役には立たないのです。

30 こうして克服！

次のように自問してみよう。

- 現在のパートナーとの関係において、あなたは「のめり込み型」？　それとも「知らんぷり型」？
- パートナーはあなたのことをどう見ているだろうか？
- あなたのパターンを変えることはできるだろうか？
- 過去の人間関係で、あなたはどのような役割だったか？

■理想的な関係を阻む要因❹――子供時代の人間関係を引きずる

人は誰しも自分が慣れ親しんだ経験や習慣に惹かれるものです。ナイスガイたちは子供時代に歪んだ親子関係を経験していますが、それが自分の中ではおなじみの経験であるために、大人になってからも、やはりその経験を人間関係に持ち込んでしまいます。

例えば子供のころ、よく母親の悩みを聞いて育ったナイスガイは、悩みを聞くことで母親と強く結ばれている感覚を持つようになり、大人になってからも「親しい関係＝悩みを聞いてあげること」と考えてしまいます。そして、大人になってからの人間関係でも、自分が価値ある人間だと感じたい、相手と強く結ばれていたいという思いから、わざわざ大きな悩みや問題を抱えた女性たちをパートナーに選んでしまいます。

貧しい家庭で親きょうだいたちに頼られ、家族の要望を聞き面倒をみてきたナイスガイなら、大人になってからも何くれとなく相手の面倒をみるようになります。自分の望みや欲求をかなえるのは、もっと大事な周りの人たちの望みをかなえてから。そう信じてきたナイスガイなら、パートナーのために自分を犠牲にするようになるでしょう。子供時代に「見捨てられ体験」をしたナイスガイなら、自分のことを相手にしてくれず、自分を大事にしてくれない不実なパートナーを選ぶようになります。怒りっぽく、子供をののしったり、あれこれ指図ばかりしている父親のもとで育ったナイスガイなら、父親と似たようなパートナーを選んだりします。

選んだパートナーが、いざ付き合ってみると、無意識レベルで求めていた相手でないことが分かった場合には、そういう存在になるよう相手を誘導する。そんなナイスガイもいます。自分の親の特徴を相手に重ねているナイスガイもいれば、相手が実際にはそういう人間ではないにもかかわらず、求めていた人間であるかのように接するナイスガイもいます。かと思うと、無意識に望んでいた歪んだ反応を、相手から無理矢理引き出そうとするナイスガイまでいます。

ここで私自身の話をしますと、私はいつも家に帰るとき、父親の機嫌をとても気にしていました。父親は不機嫌なときのほうが多かったからです。そのため、いつも最悪の事態を想定しておくようになったのですが、結婚後も、私はこのパターンから抜け出せずにいました。機嫌がいいのか悪いのか予想がつかないという父親の特徴を妻に重ね、帰宅する際は、「妻は怒っている」ということを前提にしていたのです。妻が上機嫌であっても、私は彼女の怒りに備えていたので、そのせいでちょっとしたいさかいになることもよくありました。妻を私の父親と同じような存在として見ていた私は、子供時代に慣れ親しんだ、歪んだ人間関係をそのまま持ち込んでいたわけです。

31 こうして克服！

私たちは、両親が持っていた特徴の中でも最悪のものを持っている人に惹きつけられることがある。自分が望む対応をしないパートナーを責めたりせず、子供時代の人間関係のパターンを今の関係に持ち込むことになった原因が、相手のどこにあるのか、はっきりと認識しよう。信頼できる人にも相談してみよう。

■理想的な関係を阻む要因❺——母親には従わなければという無意識の思い

ナイスガイたちは、母親には従わなければという無意識の思いを持ち続けており、そのせいで、大人になってからも真に心通い合う人間関係を築けなくなっています。ナイスガイたちは、無意識レベルで何としても子供のころの人間関係を維持しようとさまざまな手段を講じており、そのために、母親以外の女性とは本当の意味で親密な関係を結べなくなっているのです。

32 こうして克服!

次に示したリストは、母親には従わなければという無意識の思いを持ち続けているナイスガイたちの行動パターン。これを読んで、あなたの行動に共通したものがあるかどうか、考えてみよう。信頼できる人にも打ち明けてみよう。

・仕事や趣味に深入りしすぎる
・何らかの深刻な問題を抱えた人と関係を結ぶ傾向があり、相手の問題を解決したいと思う
・ドラッグやアルコールに依存する
・アダルトビデオ、マスターベーション、みだらな妄想、テレフォンセックス、買春などがやめられない
・浮気をする
・性欲が湧かない、勃起しない、勃起を維持できない、早漏などの性的な問題がある
・怒りっぽい、病気がち、ふさぎ込みがち、強迫観念がある、何らかの依存症である、浮気性などの問題を抱えた女性と関係を結ぶ傾向がある
・女性との関係を避け、独身主義を貫いている

■理想的な関係を阻む要因❻――別れ話が苦手

ナイスガイたちは、うまくいくはずのない関係をうまくいかせようとすることに多くの時間を費やしてしまって、結局望みどおりの愛を手にすることができません。彼らは昔から、間違ったかた

ちで愛を求め苦しむということを繰り返してきた男たちです。どうしようもない関係に固執して無駄な時間を費やしているかぎり、もっとうまくいく相手など見つかるはずもありません。

ふつうの男は、付き合ってみたら何かしっくりこなかったり、自分が求める相手とは違うと分かったなら、別の相手を探すようになります。でも、ナイスガイにはそれができません。子供のころに形成された行動パターンに沿って、うまくいかない状況を何とかうまくいかせようと今まで以上に頑張ったり、あるいは自分が望む人間になってもらうよう相手に求めることしかできないのです。

ナイスガイたちも、今の関係を終わりにしようと思うことはありますが、彼らはそういうことが得意ではありません。別れ話を切り出すのが遅すぎたり、言い方が曖昧だったり、非難ばかりになったり、こじつけになったりするのが常で、しかも何度か繰り返さなければ、事が進まないこともしばしばです。「ナイスガイたちは、九回別れ話をしなければ別れられない」。私はよくそんなジョークを言いますが、それはあながちジョークでもないのです。

望ましい関係を構築するには

完璧な人間関係などありませんし、完璧なパートナーもいません。人間関係というのは、そもそも混沌としたものであり、何が起こるか分からないものであり、一筋縄ではいかないものです。本章の残りでは、完璧なパートナーを見つける方法や完璧な人間関係を構築する方法などではなく、まずは人間関係をうまくいかせる方法についてお話ししたいと思います。例えば以下のような方法を使いながら今の生き方を変えていけば、今後の人間関係のつくり方を変えることができるはずです。

- 自分のことを認めてあげる
- 自分のことを最優先する
- 信頼できる人に、自分のことを打ち明ける
- 「暗黙の契約」をやめる
- 自分の欲求、望みをしっかり把握する
- 肩ひじ張らず、成り行きに任せてみる
- 現実をしっかり見つめる
- 自分の感情をきちんと表現する
- 首尾一貫した誠実な態度を身につける
- 他者との間に境界線を引く
- 男らしさを取り戻す

これまでの章で、ナイスガイたちが人生を変えようとすれば、どれほど人間関係が変わるのか、そのいくつかの実例を紹介してきましたが、ここからは、ナイスガイたちが、自分の求める愛を獲得するうえで、先ほど挙げた方法を実践することがどう役立つのかを考えていくことにします。

！アテンション！

あなたが誰かと恋愛関係にある場合、本書で紹介する「ナイスガイ症候群」克服のためのプランを実践すると、あなたにとっても、あなたのパートナーにとっても、次に挙げるいずれかの変化が起こるだろう。きわめて大きな変化なので、くれぐれも注意してほしい。

- 現在の関係が、ワクワクするような、思ってもみなかったかたちで好転し、よい方向へ進展していく。
- もっと以前にそうなっていても不思議ではないのだが、現在の関係が破綻する。

■望みどおりの愛を手に入れる方法❶——自分を認めてあげる

自分が望んでいたとおりの人生を生きよう。はっきり意図してそう決断することこそが、「ナイスガイ症候群」を克服するためのキーポイントです。

「あるがままの自分でいていい。それだけでいいんです」。私はよくそう言って、克服過程のナイスガイたちを励まします。

私の役割は、ナイスガイたちが「自分は本来こうあるべきなのだ」と判断し、全エネルギーをもって本来の自分に立ち返り、新しい未来を切り開く——その手伝いをすることにあります。ありのままのあなたが好きな人は自然とあなたの周りに集まってくるし、そうでない人は集まってこない。それが健全な人間関係というものです。誰かを愛したい、あるいは一緒にいたいために自分を偽ったり、本当の自分を隠すような人のことなど、誰も信用しようとは思わないでしょう。にもかかわらず、ナイスガイは自分を偽りながら人間関係をつくってしまうのです。

パートナーよりは自分を喜ばせよう。そう決断するとどんなことが起きるのかを、ジョージの例でお話ししましょう。妻スーザンとの関係において彼が目標にしていたのは、妻をハッピーにすることでした。結婚して五年、彼は大好きだったハンティングや釣りをやめ、友だちと遊びに出かけることもやめ、自分の給料の管理をスーザンに任せ、仕事が嫌になったから辞めたいと言うスーザンの希望どおりにさせました。こうした変化は徐々に起こったことですが、すべてはスーザンを喜ばせるためでした。

にもかかわらず、スーザンがハッピーな気分でいることは、あまりありませんでした。ジョージは無力感を覚え、恨みがましい思いも抱え、妻と別れることまで考えて、「ナイスガイ症候群」克服グループに入ってきたのです。彼は、自分が抱えている不満の原因は妻にあると思っていました。グループのメンバーたちは、自分は被害者だと思い込んでいるジョージの言い分に耳を傾けた後で、「スーザンを責めるのはやめたほうがいい」「君が今までと違う行動パターンをとってみたらどうか」などさまざまな提案をしました。

それから数カ月たつと、ジョージは徐々に変わっていきました。いちばん変わったのは、スーザンを喜ばせようとするのはやめようと、自らの意志で決断したことです。妻を喜ばせようとしても効果がなく、恨みがましい気持ちになるだけだと気づいたのです。

ジョージはまず、月に一回は週末にハンティングや釣りに出かけるようにしました。するとスーザンはさまざまな方法でジョージの気を引いて、決心を変えさせようとしましたが、彼の決心は揺らぎませんでした。次に、給料を全部妻に預けるのをやめ、自分の金の使い道は自分で決めることにしました。もちろん妻はこれにも抵抗しました。「これからは生活費の予算をきちんと立てる。これ以上使いたければ、君はフルタイムの仕事に戻るしかないぞ」と言い渡したとき、彼は内心大きな恐怖感を覚えていました。

ところが、意外なことに二つの大きな変化が起こります。ひとつは、ジョージの被害者意識が小さくなった代わりに、スーザンに対する肯定的な気持ちが湧いてきたこと。もうひとつは、スーザンが自分のことは自分でやり、何から何までジョージに頼らなくなったことです。一年がたったころ、ジョージはグループのメンバーたちに、自分が今とても満足していること、結婚生活がよい方向に向かっていることを報告してくれました。彼は、スーザンを喜ばせようとするのではなく、自分の望みを優先しようと決心する勇気を与えてくれたグループのみんなを、心から信頼していると感謝の意を表しました。

33 こうして克服！

あなたがパートナーを喜ばせようとする行動を書き出してみよう。

相手をハッピーにしなければと考えずにすむようになったら、あなたはどのように変わるだろうか？

■望みどおりの愛を手に入れる方法❷——心に境界線を引く

心に境界線を引くことの重要性については第五章でもお話ししましたが、それが最も重要になるのは、妻や恋人など最も大切な人との関係においてです。心の中にしかるべき境界線を引くことによって、ナイスガイたちは、自分も相手もいたずらに傷つけ合うことのない、あたたかな心のやりとりを経験することができるのです。

私は、パートナーにも立ち会ってもらい、ナイスガイたちに実演してもらいながら、境界線の引き方や立ち位置の選び方などを教えていますが、ある時、相手を押し返す実演の最中に、ナイスガイの妻が拍手喝采しました。そのナイスガイは呆気にとられたような顔で彼女のほうを向くと、「君もこうして押し返してほしいということ？」と言いました。

「もちろんよ」と彼女が答えました。「私がずかずかと入り込んでいくのを許すような男とは、一緒にいたくないもの」

私は彼にこう注意しました。「奥さんが言おうとしているのは本当のことですよ。相手から踏み込まれるがままになっているような夫は頼りにならないし、奥さんとしては不安になります。奥さんは、きちんと抵抗してほしいと思っているんです。あなたがきちんと立ち向かうことで、奥さんは安心感を持てるんですよ。でも、ここで注意点があります。奥さんは、あなたが信頼に足る人か、試そうとします。あなたが境界線を引こうとすれば相当抵抗するでしょうし、境界線を乗り越えようとするでしょう。そんな境界線など引くのは間違っていると言うかもしれません。でも、そうやって、あなたの引いた境界線が本物かどうかを試しているんです」

実際、ナイスガイたちがパートナーとの間に境界線を引くようになると、相手は安心感を覚えます。女性というのは、安心感を覚えると、愛されていると感じる傾向があります。また、相手の男がきちんと抵抗してくれると、自分がいざというときにも自分をきちんと守ってくれるだろうと考えるようになります。一方、相手の男が境界線を引くことで、女性は尊敬の念も抱くようになります。境界線を引けない男は、女性に対して「自分は自尊心のない男です」というメッセージを送っているようなもの。そんな男を尊敬する女性など、まずいないでしょう。

相手のある行為に対してきちんと境界線を引く必要があるとき、その決断を促すために、私は「二度めのデートルール」を使ってみるように勧めています。「二度めのデートでこの行動が出たら、三度めのデートはできるのか」と自問してみる方法で、これによって自分が今まで、我慢すべきではないことを我慢してきたのではないか、と気づくようになるのです。

堪えがたいと思う行為に立ち向かうことを決断できたナイスガイたちに私が勧めているのは、「普通の男ルール」です。私個人の経験をもとに編み出したこのルールは、「こんなとき、普通の男ならどう行動するだろうか」と自問してみる方法です。こうして自問することによって、ナイスガイたちは自分の内なる知恵を引き出し、敢然と対応するために必要なパワーを引き出すことができるようになります。

「必要なときに境界線を引けばいいんだ」ということが分かれば、人が自分に文句を言おうが気分を害そうが、あるいは性的な感情を抱こうが、きちんと対処できるようになります。自分に自信がつくので何があっても受け入れることができ、不快を感じたときにはいつでも「やめてくれ」

「だめだ」「いいかげんにしろ」などと言ったり、場合によってはその場から立ち去ったり、自分の気持ちを大事にするために必要な行動をとれるようになるのです。

34

こうして克服！

人間関係の中で、例えば以下のように、適切な境界線を引くことをためらってしまうケースはあるだろうか？

- 相手の堪えがたい行動を我慢してしまう
- いさかいになるのを避けるため、目の前の問題を解決しようとしない
- 自分の欲求を口にしない
- 波風を立てないよう、自分の感情を抑える

「二度めのデートルール」または「普通の男ルール」を使った場合、あなたの行動はどう変わるだろうか？

ハッピーで健全な関係を築くためのヒント

さらに、以下のような方法も有効です。

- パートナーのことではなく、二人の関係のことを考えるようにする
- 相手の望ましくない行動を助長させない
- 新しい関係が始まったら、今までと違う行動をとってみる

■望みどおりの愛を手に入れる方法❸――二人の関係に焦点を絞る

傷ついた人は、同じく傷ついた人に惹かれます。ナイスガイたちには、自分と同様にある問題を抱えた人をパートナーに選んでしまう傾向があります。この傾向は、どちらかがどちらかより病んでいると考えるという危険な幻想を生み出してしまいます。健康な人が健康でない人に惹かれることは、まずありませんし、その逆も真なり。ですので、相手のことを自分より健康だ、あるいは健康ではないと思ったりするのは、やはり歪んだ考え方と言わざるを得ません。そういうカップルに、私はよくこう言います。「もしどちらかが明らかに傷つき、病んだ人間であれば、相手もやはり病んでいるのです。これは例外なくそうなんです」

妻のエリザベスと一緒になったころ、私は、どちらかというと自分のほうが健康で、妻のほうがどこか壊れているという前提で、二人の関係をとらえていました。ところが妻がカウンセリングに通うようになって、この前提は崩れました。ある時、カウンセリングから返ってきた妻がこう言ったのです。「私、気づいたんだけど、私と同じぐらいあなたも、どこかおかしいんじゃないかしら」。自分が「どこかおかしい」なんて思ってもみなかった私は、こう答えました。「それは違う。むしろ、君は自分が私と同じぐらい健康なんだと気づいた、ということじゃないのかな」

当時の私たちは、いつのまにか二人とも妙な、不健全な役を演じるのが当たり前のようになっており、残念ながら、妻が勇を鼓して現状を打開しようと動くまで、真の意味で心通い合う関係が結べていなかったわけです。私はこれまでのカウンセリングの中で、こうした、昔の私と妻のような関係に陥っているナイスガイたちに数えきれないぐらい出会ってきました。彼らは、自分が「病んだ」パートナーの問題で被害を受けている犠牲者なのだと思い込んでおり、その誤ったパターンを繰り返してしまうために、いつまでたっても関係を改善できずにいるのです。

でもパートナーのことではなく二人の関係に焦点を絞って考えることで、ナイスガイたちは、子供時代に見捨てられたり、放っておかれたり、虐待されたり、あるいは溺愛されて息苦しい思いをしたり、ガミガミ言われたりした経験について、パートナーの行動をきっかけに振り返ってみることができるようになります。そして、その振り返りから得られた気づきによって、今現在の関係がどうしてできあがったのかを、よりよく理解できるようになります。こうした過程を経ることで、二人の関係において自分が本当に望んでいたことが何なのかを理解する、心の変化がもたらされるのです。

ナイスガイたちは、「彼女が◯◯◯してくれさえすれば……」などと言う前に、こう自問する必要があるでしょう。

- 二人は、こんな関係をこのまま進める必要があるのだろうか
- 今の関係で、自分は子供時代と同じような役回りを演じているのだろうか
- 今の関係で、無意識のうちに自分が求めているものは何だろう
- 自分はどうして、この相手と関係を持ちたいと思ったのだろう

こうした自問をしていくうちに、大切な相手のことを、今の自分から抜け出すために欠かせないパートナーなのだと考えるようになるはずです。パートナーについての見方が変わるだけでなく、自分が子供時代から抱えている問題を自覚し、それが心通い合う理想の関係を阻んでいることに気づくようになるのです。

この章のはじめに紹介したカールの妻ダニータは、冷たく厳しかった彼の母親のように、カールが何をしても喜んでくれませんでした。カールは、母親が今にも怒りだし、ガミガミと文句を言いだし、彼のことを罵倒し始めるのではないかとおびえながら育ちましたが、大人になってからも、

その母親との関係をダニータとの間に再現してしまいました。ダニータが怒りだすと、カールは子供時代に編み出したサバイバル術のすべてを動員して、はぐらかしたり引きこもったりしながらやり過ごしていたのです。カールは私の前でダニータのことを「いつも怒ってばかり」と非難し、何とか逆上させないよう、腫れ物にでも触るように接していると語っていましたが、心の中には「自分がこんなことになっていいはずがない」という思いもありました。一方で、「どこかへ隠れたい、逃げ出してしまいたい」という思いもありました。

ところがカールは、やがてダニータのことを「天からの贈り物」と思うようになります。ダニータと一緒に暮らすようになったことで、子供時代から怒りっぽくてガミガミ言うばかりの家族に対して抱いていた恐怖や、それがもたらした心の問題を自覚して解消することができたからです。カールの気づきとともに、二人の関係にもいくつかの変化が起こりました。まず、カールは子供時代の経験について、悲しいことだったと客観的に見られるようになりました。また、ダニータが怒りだしても逃げ隠れせず、敢然と向き合えるようになりました。さらに、ダニータが怒りっぽいのは、彼女もまた子供時代に負った心の傷のせいなのだ、ということが分かってきて、彼女の怒りも次第に気にならなくなっていきました。妻に対する見方が変わったことで、カールはダニータのことがこれまで以上に愛おしく思えるようになり、二人の関係は目に見えて改善していったのです。

35 こうして克服！

パートナーに不満や怒りを覚えたら、次のように自問してみよう。

- この人と人生を共にしようと思ったのはなぜか？
- この状況から何を学べるか？
- この状況が贈り物だとしたら、自分の見方はどのように変わるか？

■望みどおりの愛を手に入れる方法❹――相手の望ましくない行動を助長しない

何年か前、私たち夫婦はワイマラナー種の子犬を買いました。室内で飼うつもりだったので、しつけ教室で訓練してもらうことにしたのですが、最初の何回かのレッスンで分かったのは、訓練が必要なのはむしろ私たちのほうだということ。しつけのできていない犬は、飼い主の知識のなさや一貫性のない接し方から生まれるものだということを知ったのです。

人間は、もちろん多くの点でペットとは違いますが、人間もまた、訓練されてきたとおり行動するものであることも事実です。例えば、カーペットに粗相した犬にごほうびを与えたりすれば、犬はまた同じ行動をとってしまいますが、同様に人間も、パートナーの望ましくない行動を助長するようなことをすれば、パートナーはそうした行動を続けてしまうことになります。

ナイスガイたちの行動は、皮肉な結果をもたらしがちです。彼らの理想は、円滑でトラブルのない人間関係。パートナーがつまらなそうにしていたり、落ち込んでいたり、怒っていたり、悩みがあったりする場合、彼らはすぐに馳せ参じて、何とか彼女の気分が晴れるようにと努めます。彼らは、そうすることで問題は解消し、すべてがただちに元に戻ると信じています。ところが残念ながら、それはカーペットに粗相をした犬にごほうびを与えるようなものなのです。

ナイスガイたちは、自分がやめてほしいと思う相手の行動にいちいち反応したり、関心を示したりすることによって、かえってその行動を助長してしまっていることが多いのです。結果としてその行動は繰り返されることになります。例えばジョーの妻は、職場で同僚ともめたこともあって静かな怒りをため込んだ状態で帰宅することがよくあります。妻がそういう状態だとジョーも心配になるので、何とか妻に落ち着いてもらおうと、「いったい何があったんだ」などと声をかけてしまいます。「まあまあ、落ち着いて」などとジョーがなだめていると、妻は職場でどんなにひどい扱いをされたか等々、憤まんをぶちまけるように話しだし、それが延々二時間も続くことがあります。ジョーは黙って耳を傾けますが、こうしたらいい、ああしたらいいと、参考になりそうな提案をすることもあります。そうすれば妻の機嫌も直るだろうと思うからです。

ジョーの対応は、短期的には妻の不満を解消することに役立つかもしれませんが、問題はかえって長期化してしまいます。つまり、「何があったんだ」と尋ねたり、何時間も話を聞いてあげたり、アドバイスしたりすることで、ジョーは自分が嫌だと思っている妻の行動をかえって助長させているわけです。

犬のしつけ教室では、飼い犬の好ましくない行動をやめさせたければ、飼い主はその行動に反応しないよう教えられます。人間関係でも同じことがいえます。

ほかのナイスガイたち同様、ジョーも自分のことを妻の行動パターンの犠牲者だと感じていました。好ましくないと思っている妻の行動を、ほかならぬ自分が助長していたなんて思いもよりませんでしたが、「ナイスガイ症候群」克服グループのメンバーたちからその事実を指摘されると、受け入れて行動パターンを変える決心をしました。

その後のある日、妻が怒りを押し殺したようなむっつり顔で帰ってきました。ジョーはあえて何も言わないようにしました。二人とも押し黙ったまま夕食を済ませると、ジョーはガレージにこもりました。内心かなり不安で、妻を「何とかしてあげたい」衝動にも襲われましたが、何とか持ちこたえました。その夜は、ベッドに横になっても、沈黙に押しつぶされそうな思いで何時間も寝つけませんでした。翌朝も二人が口を開かない状態が続きました。ジョーは、こんな状態が永遠に続くのではないかと不安でしたが、それを何とか打ち消そうと、どうでもいいような話題を口にしてみました。妻は一言だけ気のない返事をして、仕事に出て行きました。

奇跡が起こったのは、その夜のことです。妻は上機嫌で帰宅すると、ジョーに「ちょっと散歩しない？」と言いました。二人で夜道を歩きながら、妻が、前の晩に悩んでいたことを解決したいきさつについて話してくれました。ジョーは、妻の力になろうとしなかったことがずっと気になっていて、居心地の悪い思いをしていたことを打ち明けました。すると妻は、「私の問題を何とかしてあげようなんて、思ってくれなくてもいいの」と言い、こう続けたのです。「それより、私が自分で何とかする余地を作ってくれるほうがありがたいわ」

■望みどおりの愛を手に入れる方法❺――今までと違う行動パターンをとる

今までの恋愛関係が終わってしまった、もしくは現在、特に恋人はいないというナイスガイたちに私がお勧めしているのは、新しい関係を始めるなら、これまでとまったく違う行動パターンに変えてみようということです。人間関係、特に男女の関係にはさまざまなややこしいことが起こるのは当たり前で、面倒なことがない関係などありえませんが、新しく始めるなら、これまでよりは面倒にならないようにすることが可能です。そのために私がいつも強く勧めているのが、今までと違う行動をとること。これまで無意識的に頼りにしてきたろくな効果をもたらさない方法とは違う、健全なアプローチで臨むことなのです。

今までと違うアプローチとは何か。例えばこれまでとは違うタイプのパートナーを選ぶこと。古い車をあちこち修理して乗るのは楽しいものですが、ことパートナー選びに関するかぎり、古い自分をあちこち修理して新しい関係に臨むような方法はお勧めできません。ナイスガイたちは、幼いころから不安感を抱いてきたこともあって、自分同様にいささか修理の必要な人をパートナーにしてしまう傾向があります。健康で自立した心の持ち主が、自分を選んでくれることなどないだろうと思い込んでいるので、いつも自分のように問題を抱えた人を相手に選んでしまうのです。例えばつらい子供時代を送った女性、性的な虐待を経験した女性、次々とよくない人間関係に陥ってしまう女性、うつ気味の女性、金銭的トラブルを抱えている女性、肥満の女性、シングルマザーとして苦労している女性などです。ナイスガイたちは、そうした人たちのもとへ飛んでいき、問題を解決したり、手を差し伸べたり、喜ばせたりと奔走します。背景には「暗黙の契約」があり、自分の行動によって相手が生まれ変わってくれることを期待しているのです。ところが、残念ながらこうした戦略が功を奏することは、まずありません。

ナイスガイたちにとって、人の手を借りる必要のない女性たちと関係を結ぶほうが、自分が思い描いていたような愛を手にできる確率は高くなるはずです。完璧なパートナーを探せと言っているのではなく、少なくとも自分の人生のことは自分で面倒をみられる人をパートナーにしようということです。「ナイスガイ症候群」克服グループのメンバーに、新しい関係を始めるなら、相手にはどのような特質を求めるかを尋ねたところ、以下のような答えが返ってきました。

- 情熱的
- 誠実さ

・喜びを与えられる
・知性
・性的な積極性
・安定した経済状態
・自分が成長しようと努力していること

すでに付き合っている相手がいる、妻がいるというナイスガイたちは、今の相手にこうした特質がないことに気づいて、不安に思うかもしれません。ナイスガイたちは、概して相手の特質を正確に見抜くことが苦手ですから、不安になって当然です。でも、だからといって現在の関係をやめたり、「青く見える隣の芝生」を気にしたりすることはありません。そういうナイスガイたちに私がお勧めしているのは、相手ではなく自分自身の行動を見つめ直してみること。そして、そもそもなぜ、今のような関係になってしまったのかを自問してみること。

新しい相手を見つけても、今までと同じような関係になってしまうのであれば何の意味もありません。私のカウンセリング経験からすると、ナイスガイたちが自分の誤った行動パターンを見つめ直すようになると、彼らの人間関係は確実に変わります。その変化によって、自分がそもそもどういう欲求を持っていたのかを再認識できる場合もありますし、現状を変えなければと確信できる場合もあります。

ナイスガイたちは、何事も「きちんと」やらなければと考える極端な傾向がありますので、このリストどおりの相手を見つけなければと思うかもしれませんが、このリストはもちろん魔法の公式ではありません。完璧な人間などいませんし、完璧な人間関係などありえないのですから。ただ、できるだけこのリストのような特質を備えた相手を探すことで、ナイスガイたちは、嘆かわしい関係に陥ってしまう可能性を少しでも小さくし、本当に探していた相手を見つけられる可能性を少しでも大きくすることができるはずです。

新しい関係では今まで違う行動パターンをとる。そこには、性急に体の関係を求めないことも含まれます。ここにリストアップしたような特質を相手が備えているのか、いないのか、一度時間をかけて正確に評価することが大切で、相手のことが分かるまではベッドを共にしたりしない覚悟が必要です。性的な関係を持ってしまうと、ナイスガイたちの克服過程と成長はそこで止まってしまいます。セックスは強力な結びつきですので、新しい関係が果たして自分にとって望ましいものなのかどうか判断することが難しくなってしまうのです。新しいパートナーにも、やはり受け入れがたい傾向や行動があることに気づくようになるでしょうが、すでに肉体関係があると、そうした問題を克服することも関係をやめることも難しくなってしまいます。

試練を受け入れよう

ナイスガイたちも、心から満足できる、心の通い合う関係を築くことができます。人生は試練の連続で、人間関係も同様ですが、本書に紹介している方法を実践すれば、ナイスガイたちはさまざまな試練を受け入れ、望みどおりの愛を手にすることができるでしょう。

第8章

自分らしいセックスをしよう
——理想のセックスのための戦略

過度の自己否定、自分を犠牲にしてしまう傾向、人から認められたいという願望、有効な方法とは真逆な方法をとってしまう傾向、曖昧な態度、世話焼き行動、「暗黙の契約」、自分の思う方向へ誘導しようとする行動、不安感、不誠実、試練に立ち向かわない傾向、歪んだ人間関係、男としてのエネルギーの欠如……。

これまで本書で見てきた、そうしたナイスガイたちの特性を大きなビンに入れてフタを締め、シェイクしてから、フタを開けて中をのぞいてみます。すると、ナイスガイたちがセックスにどう向き合っているかが、はっきり見えてきます。

ナイスガイたちにとってセックスは、子供時代の「見捨てられ体験」や内なる「自虐的ともいえる自己否定」、歪んだサバイバル術などがすべて集約され、拡大されて表われる場となります。私がカウンセリングしてきたナイスガイたちの中で、セックスに関して重大な問題を抱えていない人はひとりもいなかったと言っても過言ではありません。そうした問題はさまざまなかたちをとって表われますが、よくあるケースを挙げてみましょう。

満足が得られない

ナイスガイたちが口にする不満で最も多いのがこれです。彼らはその原因が、セックスに関心がなく、こちらが望んだときに相手をしてくれないパートナーの側にあると考えており、女性とはそういうものだと決めつけていることもあります。

満足できないセックスに甘んじてしまう

ナイスガイたちは、全然セックスできないよりはマシだということで、満足できないセックスに甘んじてしまう傾向があります。そして、例によって彼らはその原因が相手にあると考えます。

性的不能

これは、勃起しない、勃起を維持できない、早漏などのかたちで表われます。

性欲を抑え込む

自分は性欲が強いほうではない、関心がないと語るナイスガイたちもいます。ただ、実際にはある種の性的行動、性的傾向はあり、そのことを周囲には知られていないと信じている場合もあります。

強迫的な性行動

マスターベーションがやめられない、アダルトビデオを見ることがやめられない、浮気癖、のぞき部屋通い、テレフォン／ネットセックス、買春などが含まれます。

これらが頻繁にあることを考えると、つまりナイスガイたちの多くはセックスをしていない、あるいは満足のいくセックスができていないということになります。彼らの多くは、そうした問題の原因を自分以外のところにあると考えがちですが、それは間違いです。満足のいくセックスライフを送れていない、その原因はナイスガイたちの側にあるのです。

羞恥心と不安

セックスにおいてナイスガイたちが直面する困難と直接的な関係があるのは、不安と羞恥心という二つの問題です。ナイスガイたちは皆、性的な感情を持つことや性欲の強い人間であることに対して羞恥心や不安感を持っているのです。こうした考え方をナイスガイたちに理解してもらうことは、私の経験の中でもかなり難しいことのひとつです。でも、きわめて重要なことなので、もう一度言います。ナイスガイたちは皆、性的な感情を持つことや性欲の強い人間であることに対して恥ずかしいと思う気持ちや不安感を持っているのです。

ナイスガイたちの脳をのぞき、セックスを司る無意識領域を見ることができたとしたら、次のようなものが見えるかもしれません。

- 子供時代、自分はダメな人間だと感じた経験の記憶
- 自分の欲求が、タイムリーに、適切なかたちで満たされなかったことから生まれた心の傷
- 性的に問題を抱えた両親のもとで育ったことの影響
- 性に関する情報が氾濫する社会がもたらす、歪んだ性のイメージや幻想
- 必要なときに提供されなかった性的な情報
- 何世紀にもおよぶ宗教教育によって植え付けられた性への罪悪感や羞恥心
- 母親に対する隠された性的感情の影響
- 性的暴行を受けたことによる心の傷
- 心の奥底に隠された、幼いころの性的体験の記憶
- アダルトビデオなどがもたらす、歪んだ、非現実的な性のイメージ
- 人には言えない、強迫的な性的行動に対する罪悪感

・性行為に失敗したり、拒絶されたことの記憶

ナイスガイは性的な感情を抱いたり、性的な状況になったりするたびに、こうした無意識領域の障害と格闘することになります。もちろんナイスガイのことですから、そうした羞恥心や不安を抑え込んだり、そこから目をそらしたりする方法を巧みに考えだすわけですが、残念ながらそうした方法は充実したセックスライフとは程遠い結果をもたらすだけです。羞恥心や不安を抑え込んだり、そこから目をそらしたりする方法とは、具体的には以下のようなことを指します。

①性的な状況や、セックスの機会を避ける
②セックス上手であろうとする
③強迫的な性的行動を隠す
④性に対する旺盛なエネルギーを抑え込もうとする
⑤満足感のないセックスに甘んじる

■思いどおりのセックスを阻む要因❶
——性的な状況や、セックスの機会を避ける

おかしな話に聞こえるかもしれませんが、ナイスガイたちは、何とかしてセックスを避けようと、ありとあらゆる手段を駆使することがあります。それは、言うなれば「女性器恐怖症」。意図的に男性器を挿入しないままでいたり、挿入してもすぐに抜いてしまうといった行動を指します。羞恥心や不安を感じる状況を避けようというサバイバル術の一種ですが、これでは満足のいくセックスなど望めるはずもありません。

典型的な例がアランです。彼は、妻がいるのにほかの女性との浮気に走ってしまう問題行動を何とかしたいと、カウンセリングに来るようになりました。彼は、相手とベッドを共にする状況になっても、最後の一線を越えることはありません。やがて、妻の友人とも関係を持つようになりましたが、妻がある日、彼のコートのポケットから浮気の証拠となるものを発見し、ずっと浮気していたことが発覚してしまったのです。

カウンセリングでアランは、とにかく女性から関心を持たれることがうれしいのだと語りました。日常のさまざまな場面で女性とつながりを持っていたい、そうすることで安心感を覚える、という話でした。やがて、そうした彼の傾向が子供時代に形成されたものだということが、はっきりしてきました。母親との強い心のつながり、父親とは違う人間になろうと決心したこと、そして母親か

ら植え付けられた原理主義的キリスト教の教えなどの影響で、何とかして女性の関心を引こうとする一方、男性器を女性器へ挿入することはためらわれるという傾向ができあがったのです。ちなみに、こうしたナイスガイ特有の行動を、私は「挿入なしのもてあそび行動」と呼んでいます。これによって彼は、さんざん性的な行為におよびながら、実際には挿入していないのだから間違ったことはしていない、といった理屈をつけて自分を納得させようとしているのです。

ある時、アランは克服グループのメンバーにこんな話をしました。以前から憎からず思っていた女性の同僚と二人で出張に行ったときのことです。出張先に向かう間も、二人はさんざん思わせぶりなやりとりをしていました。出張中のある夜、二人はバーで飲みながら、お互いのこれまでの人生について語り合いました。その夜はチークを踊る程度で終わったのですが、次の日の夜、また一緒に飲んだ後、彼女からジャグジーに誘われました。露出度の高いストリングビキニ姿で現れた彼女は、ジャグジーの中でアランの膝の上にまたがり、二人は熱烈なキスを交わしました。アランはとても興奮しましたが、彼女から部屋に誘われると、「仕事上の関係を壊すわけにはいかない」と言って断ったのです。このエピソードは、挿入を避けてきたアランの典型的行動といえるでしょう。

高校時代、アランは何人かの女の子と付き合いました。でも女の子がその気になって、イチャつくだけでは我慢できなくなると、アランは何だか息苦しい気持ちになってしまうので、結局別れてしまうのでした。

アランによると、彼の妻はセックスには消極的なタイプだということですが、それは、アランから積極的にセックスに誘っていないためにそう思えるだけなのか、あるいは彼がそう思いたがっているという可能性もあります。彼には「女性はセックスをよくないことと考えている」という思い込みがあって、「セックスしたいという欲望を女性にあからさまに知られてしまうと、女性たちは僕をどうしようもない人間だと思うのではないか」と考えてしまうのです。

アランは、あまり夜の相手をしてくれない妻への不満を口実に、ほかの女性たちとの性的な行動を正当化しています。ただ興味深いことに、アランは、イチャつきはするものの最後の一線を越えることにそれほどこだわらない女性を選ぶ、という絶妙のテクニックを持っています。ときに予想がはずれることもありますが、そういうときも彼は、結局最後までいかずにすむ理由を巧みに見つけるのです。

■思いどおりのセックスを阻む要因❷――セックス上手であろうとする

ナイスガイたちが、自分はセックス上手だと自慢するのは珍しいことではありません。自分を価値ある人間だと感じたいがために、セックス上手であるというイメージを自分に「連結」しているのです。それはまた、「自分はほかの男たちとは違う」と自分を納得させる手段でもあり、心の奥底の羞恥心や不安を意識することなくセックスするための効果的な戦略でもあります。パートナーに興奮と喜びを感じてもらうことに集中しているかぎり、内なる「自己否定」や不全感、息苦しいほどの不安にさいなまれることもないわけです。

そうしたナイスガイの典型は、テランスでしょう。彼は三〇代半ばで、最初にカウンセリングに来たとき、「僕、早漏で悩んでおりまして……」と自己紹介を始めました。続いて飛び出したのは「最初の妻は男をつくって出て行きました」というセリフでした。「もう最悪でしたよ。でも、幸いその後、すてきなセクシー美女に出会いましてね。結婚の約束をしたんですよ。ただ、ひとつだけ問題があるんです。それが、僕が早すぎるということなんです。僕は、火をつけられると興奮しすぎちゃうんですよね」

テランスは、ベッドでどれほど一生懸命相手を喜ばせようとしているかを事細かに説明しました。セックスのとき彼は、まず口だけで相手を二回から三回のオーガズムに導き、挿入した後は少なくとも一回のクライマックスに導けるよう努力しているのですが、残念ながら彼女が最後のオーガズムに達する前に射精してしまうことが多い、ということでした。「でも僕は、自分のことはどうでもいいという人間なんです。フィアンセにも、僕がオーガズムに達しなくても、君が満足ならそれでいいんだって言っているんですよ」と彼は言うのです。

「このことさえなければ、すべてが完璧なんですけどね」とテランスが続けます。「彼女の子供たちも、僕のことを気に入ってくれていますし、彼女の両親もそうです。彼女は僕のすべてを愛してると言ってくれるんですけど、三〇%ぐらい足りないものがあるとも言うんです。もう、あまりセックスしたいと思ってないみたいだし、この問題が解決するまでは結婚を延期するとまで言っているんです」

多くの場合、テランスのようなナイスガイたちは、セックス上手になろうとすることでどれほど多くのものを失っているかに、まったく気づいていません。セックス上手なんてものを目指す時点で、すでに退屈なセックスのレシピをつくっているようなものです。相手を喜ばせることだけに焦点を絞ったのでは、お決まりの手順を踏むだけの惰性的なセックスになってしまい、「この間うまくいったことをもう一度」といった新鮮味のないものになるだけです。セックス上手になろうとすることで、ナイスガイたちは、情熱的で、思いがけない発見があるようなすばらしい体験を逃しているのです。それでは満足が得られるわけがありません。

■思いどおりのセックスを阻む要因❸――強迫的な性的行動を隠す

一錠飲めば、寂しさをまぎらわせ、楽しい気分にしてくれる薬があったとしたら、と想像してみてください。自分が価値のない存在だという焦燥感や葛藤を軽減し、愛されているという感覚をもたらし、小さな悩みもすべて解決してくれる薬です。そんな薬を発明できたらノーベル賞ものでしょう。でも、ナイスガイたちは、そんな夢のような薬があると信じています。それがセックスです。

性的興奮には「見捨てられ体験」や、とんでもない要求をされた経験からもたらされた孤独感や不安から逃れられる効果がある。多くのナイスガイたちが、ごく若いころからそのことを知るようになります。そして残念ながら大人になっても、さまざまな問題を性的興奮で解決しようというクセがついてしまい、それが親密で愛情にあふれたセックス、満足のいくセックスの実現を阻んでいるのです。

私は、多くのナイスガイたちをカウンセリングしているうちに、彼らには人に言えない強迫的な性行動への依存傾向があることに気づき、「ナイス度が高いほど、ダークな秘密を隠していることが多い」という仮設を立てました。そして、この仮設がどのナイスガイにも当てはまることを発見したのです。セックスは人間の基本的な欲求ですが、ほとんどのナイスガイたちには「自分には性的魅力がない」とか「周りから性的魅力がないと見られている」といった思い込みから、強迫的な性的行動を隠す傾向があります。性衝動がなくなるわけではなく地下へ潜り込ませ、周りから認められたいと思えば思うほど心の奥深くへ隠してしまうのです。

四〇代半ばのコンピュータープログラマー、ライルは、こうした傾向の哀れな実例といえるでしょう。彼は誰からも好かれ、人とぶつかることもない典型的なナイスガイです。敬虔なクリスチャンで、日曜学校では教壇に立ち、困った人々の相談にも喜んで乗っています。

ただ、順風満帆に見えるライルの人生にはひとつだけ悩ましいことがありました。隠れてアダルトビデオを見てしまう習慣から抜けだせないのです。福音主義キリスト教を信じる家庭に育った彼が、最初にこの「薬」にハマったのは九歳のとき。いつもひとりだった彼は、木の上につくった

「基地」でヌード写真を眺めて何時間も過ごしていました。そういう時間だけは孤独感を覚えずにいられたのです。

結婚して一五年になりますが、そうした習慣が周りに知られることはありませんでした。その間、彼の趣味はアダルトビデオのレンタルや、のぞき部屋やストリップバー通い、テレフォンセックスへとどんどんエスカレートし、最近ではネットでサイトを見つけチャットルームにアクセスしては、顔の見えない相手と性的なやりとりをするまでになっています。

これまでときどき、妻から淡白な性生活についての不満をぶつけられることがありました。何カ月も夜の営みがないなんて尋常ではないと言うのです。そのたびにライルは、妻の気持ちはもっともで、自分としてももっと積極的であるべきだと思っている、などと伝えはするものの、結局は、仕事で疲れているし、家のことでストレスも抱えているし、などとお茶を濁していました。

もう、隠れてそういうことをするのはやめよう。これまで何度も何度も自分に誓いました。隠れてため込んだアダルト雑誌類は全部捨てて、ビデオを借りてくるのもチャットも全部やめよう。何度も何度もそう決めたのです。でも、何週間か何カ月か我慢しては結局また始めてしまい、そのたびに深い安心感を覚えるのでした。

ライルは多くのナイスガイたち同様、現実の人間との性的関係よりも、隠れた強迫的な性行動のほうに時間とエネルギーを費やしてしまったのです。

■思いどおりのセックスを阻む要因❹
——性に対する旺盛なエネルギーを抑え込もうとする

思春期を迎えるころ、男の子たちは、女の子たちとの付き合いという疾風怒濤の大海原に舟を出し、大波小波に翻弄されながらも、何とかうまくやっていく術を身につけるようになります。ガールフレンドができて、そのうちセックスができるという望みを抱きながら、男の子たちがまず学ぶのは、どうすれば女の子たちの関心を引きつけられるか、そしてどうすれば認めてもらえるのかです。一部の少年たちにとっては、そんなの何てことありません。たまたまイケメンだったり、スポーツの分野でスター選手になったり、裕福な家庭に生まれたりすれば、女の子たちの関心を引くことなど、いともたやすいことです。

でも、残念ながらそうした条件に恵まれなかった大多数の少年たちは、女の子をゲットするどころか、何よりもまず振り向いてもらうためのコツを必死になって探さなければなりません。「ナイス」でいればライバルたちに差をつけられるのではないか、ある種の女の子たちから認められるのではないかと考える男の子たちが出てくるのは、まさにこの時期です。彼らは、さまざまな状況から早くも、「ひょっとすると、ありのままの自分ではまずいのではないか」と考え始めていますので、ここでどう決断するかがきわめて重要になってきます。

大人になったナイスガイたちが持ち続けているのは、まさに、「ナイスでいることで女性の関心を引こう」という、思春期に編み出したこの戦略です。「自分と付き合える女性はラッキーだ」といった自負がある一方で、「自分のことを好きになってくれるとしたら、その理由は何なのだろう」という疑問を持っているナイスガイもけっして珍しくありません。ナイスガイたちが「ナイスであること」という戦略にこだわるのは、女性が自分のことを好きになってくれて、セックスの相手にもなってくれる理由として、ほかに考えられるものがないからです。思いどおりのセックスを手に入れるうえで必ずしも効果的な戦略でないことは分かっていても、そこにこだわるしかないのです。

ただ皮肉なことに、ナイスであろうとするほど、人を惹きつけるエネルギー、性的なエネルギーは失われていきます。周りから認められようとすればするほど、そして何事も「きちんとやろう」と思うほど、彼らが本来持っているはずの人を惹きつけるエネルギーを閉じこめているフタは、どんどんきつく締められます。ナイスガイたちから、「自分には女性を惹きつける魅力がない」という嘆きの声をよく聞くのは、まさにそのためです。要するに、彼らが本来ありのままに発散すべきエネルギーを抑え込んでしまうために、女性たちに振り返られることも、関心を持ってもらえることもなくなってしまうわけです。

当初は、ナイスガイたちの物腰の柔らかい態度に惹かれるけれども、そのうち、セックスしたいと思うほどドキドキできる相手ではないことに気づく……。私は、女性たちからそういう言葉をよく聞きます。自分のせいかしらと考える女性もいますが、けっしてそんなことはありません。ナイスガイという役柄そのものが、狙いを定めた女性のハートに火をつけ、燃え上がらせる力を持っていないだけです。繰り返しますが、ナイスガイたちは、実際に効果のある方法とは全く逆の方法をとるために、望みどおりのセックスを手にできずにいるのです。

■思いどおりのセックスを阻む要因❺──満足感のないセックスに甘んじる

二〇代後半の、あるナイスガイの妻がこんな話をしてくれました。彼女の夫は、いつもしつこく体を求めてくるのですが、「ダメ」ときっぱり断ると、ふてくされてふさぎ込んでしまうのだそうです。一方で、彼女がその気になると、夫は彼女を興奮させることだけに集中してしまって、彼女の側から何かしようとしても、その余裕さえ与えてくれないと言うのです。「夫には『あなた自身も興奮してくれれば、私にも火がつくの』と言っています。セックスのとき夫はうれしそうですが、私を喜ばせることがいいセックスだと思っているみたいなんです」。彼女はそう手厳しくコメントしてくれましたが、実に的を射ています。

ナイスガイたちは、望ましいとはいえないセックスを自ら演出してしまうために、満足のいくすばらしいセックス体験をできずにいるのです。その好例としてアーロンのケースを紹介しましょう。彼のベッドルームにお邪魔して、彼と妻ハンナのふだんのセックスのシナリオがどうなっているのか見てみることにします。

アーロンとハンナは、もう何週間か夜の営みがありません。それは二人の間では珍しいことではないのですが、今夜はアーロンがかなりその気になっています。でも彼は妻の体を求めていることを口にするのではなく、とにかく彼女を興奮させようとする毎度おなじみのパターンに出ました。

ハンナは、これまで何度も「じらすようなやり方は好きじゃない」とアーロンに伝えてきたのですが、今回もまた、アーロンはハンナの背後に回ると、その背中をさすり始めました。彼女の肩をマッサージしながら、早く妻がその気になってくれないかと期待しながら、両手をゆっくり彼女の下半身に滑らせていきます。その間も、妻の体が彼の手にまったく反応してくれない不満を表に出さないいないよう努めています。彼としては、あくまで自分の興奮を知られないようにあせらず誘導していけば、彼女の気持ちも高まってくるはずだと思い込んでいるのです。以前、そういうことがあったからです。

やがて妻の胸を軽く撫で始めましたが、彼はもはや自分の心の状態などまったく関心がなくなっているようです。彼女を怒らせないよう気を遣いつつ、どう刺激すればハンナがその気になってくれるか、そのことだけに集中しているのです。結局、妻がその先へ進むのを拒んでいない様子なので、その後の二〇分間、彼は全神経を集中させて、妻をオーガズムに導きます。ただ自分の興奮はそっちのけだったので、自分がクライマックスを迎えるまでにはかなり時間がかかってしまいます。そこで職場の若い秘書のことを想像して興奮し、ようやく絶頂に達するのです。行為が終わると、そそくさと妻に背を向け、再び彼女がどういう気分でいるかをあれこれ考え始めます。そして寝返りを打って、空しく恨みがましい思いを抱いたまま眠りにつきました。

36 こうして克服！

あなたの性生活はどうだろうか。理想のセックスを実現したいと思うなら、この先を読んでほしい。

満足のいくセックスを実現するには

この章の後半では、ナイスガイたちが満足のいくセックスを実現するうえで役立つ戦略をご紹介します。そのプロセスは以下のとおりです。

①内なるわだかまりを解き放つ
②どうすれば満足できるか自分で確かめる
③満足のいかないセックスに「ノー」と言おう
④野生動物に学ぶ

■理想のセックスを実現する方法❶——内なるわだかまりを解き放つ

心の奥底に閉じこめられた羞恥心や不安は、ナイスガイたちが理想的なセックスを実現するうえで最大の障壁になります。セックスのテクニックを磨きたければ、その手のハウツー本やビデオを見ればいいでしょう。でも、羞恥心や不安があるかぎり、いくらテクニックを覚えても、何の役にも立ちません。ナイスガイたちが理想的なセックスを実現するには、内なる羞恥心や不安を心の奥底から解き放つことが必要なのです。このステップを飛ばしてはいけません。

性に関する羞恥心や不安を解き放つには、信頼でき、手を差し伸べてくれる人が必要です。そして自分の性的な感情を何もかも話すことが大事なのです。こうすることで、羞恥心や不安感を解き放ち、これまで抑え込んできた感情のエネルギーを活用することができるのです。こうした信頼できる相手は、性に積極的な人間になるのはけっして悪いことではないという励ましのメッセージを伝えてくれるはずです。

先ほど紹介したライルは、羞恥心や不安を解き放つことができたナイスガイの好例です。彼は善きクリスチャン、善き夫、善き父親でしたが、実は強迫的な性的行動から抜けられずにいました。しかしある時、妻が電話の請求書を見つけ、そこにあった見知らぬ番号に電話したことで、すべてがバレてしまいました。夫がアダルトビデオやテレフォンセックスにハマっているなんて想像さえしたこともなかった妻は、当惑し、心から落胆しました。でも彼女が発見したものは、巨大な氷山の一角でしかないことをまだ知りません。証拠を突きつけられたライルは、当初驚いたふりをし、まったく心当たりがないなどと言っていましたが、やがて観念してすべてを告白しました。いや、ほとんどすべてを、と言ったほうがいいでしょう。本当にすべてを話したのは、その後数週間、悩みに悩んだ末に私のカウンセリングに来た後だったからです。

何度か個人カウンセリングを行った後、私は性的な問題行動の克服に取り組む「12ステッププログラム」に参加してみることを勧めてみました。ライルは当初うろたえましたが、自分の歪んだ性衝動から解き放たれ、真に心の通い合う性生活を送るには、今までとは根本的に異なる何かをやってみなければならないことは、彼自身痛感していました。彼にとって驚きだったのですが、今までずっと隠してきた性的な秘密を、「12ステッププログラム」のグループのメンバーの前で告白することは、恐れていたほど難しくありませんでした。やがて彼は、信頼できる人たちに自分自身のことを話す機会を心待ちにするようになりました。性的な妄想や行動のことを告白するたびに、まるで肩から重い荷物をひとつひとつ下ろしていくかのような安堵感を覚えたからです。

ライルが信頼できる人々に羞恥心や恐れの感情を告白するうちに、彼は自分が隠していた強迫的な性行動に対する興味が薄れていくのを感じていました。彼と妻がこれまで以上にオープンに話し合うようになり、心が通い合うのを実感できましたし、これまで、ともすれば避けようとしていた妻との肉体的なつながりも楽しめるようになりました。ライルは、隠していたものをさらけ出したことで、ずっと克服できなかった性的問題行動が消えていくのを実感するようになったのです。

「ナイスガイ症候群」克服グループにおいて、私は克服に取り組むナイスガイたちに内なる羞恥心を外へ出し、解き放つよう励まし、自分の性的傾向について包み隠さず話せるよう支援しています。性に関する話といえば、往々にしてみだらで品のない下ネタとして語られたり、道徳的に恥ずべきもの、病的なものとして語られたり、あるいはジョークのネタとして語られたりするものですが、私たちのグループではそんなことはありません。ナイスガイたちには、自分の行動を率直に話すよう勧めていますし、これまでの性に関する物語や、若いころの性的体験などについても話してもらっています。自分がどんなアダルトビデオに興奮するのか、サンプルを持ってきてもらうこともあります。性的な羞恥心の解放に役立つだけでなく、重要な情報が得られる場合もあるからです。

ナイスガイたちに私は、自分のことを告白するプロセス全体を通じて、羞恥心や罪悪感、性的興奮などの自分の感情がどう変化していくかを注視するよう勧め、必要な支援をしていますし、彼らの感情は悪いものではないというメッセージを伝えています。社会には、性的な問題についてのネガティブな情報があふれていますので、彼らが心の問題を克服するうえでは、彼らの感情を否定しないメッセージを送ることが重要になるのです。

性的体験に関する質問

ほとんどのナイスガイたちは、自分にはセックスに対する羞恥心や不安感などないと言うが、本当にそうなのか確かめてみよう。

1．最初の性体験について
①家族や友だちにも話したくなるような楽しい体験だった
②隠れてコソコソとすませ、罪悪感があり、理想的とはとてもいえない体験だった
③つらく、暴力的で、恐ろしい体験だった

2．マスターベーションについて
①あなたもパートナーも、マスターベーションについて率直にわだかまりなく話せる
②パートナーに見つかったとしたら、二人の関係にヒビが入ると思う
③強迫的に繰り返したり、密かに行うことがある

3．あなたの性体験や性的な思い、衝動について
①すべてをありのままに、こだわりなくパートナーに話せる
②誰にも言っていない秘密がある
③自分の性的な考え方や衝動のせいで二人の関係にヒビが入ったことがある
④これまで、自分の問題行動をやめようとしたり、抑えようとしたことがある

①以外の答えがひとつでもあった場合、あなたには性に関する羞恥心や不安があると思われる。

37

こうして克服！

以下の各問題について安心して話せる場所を見つけよう。

- これまでの性的な体験について

　子供のころに性的な暴行を受けたことはないか、性的なトラウマはないか、家族の中で性的問題がなかったか、初体験はどうだったか、大人になってからどのような性体験をしてきたか、などについて話し合ってみよう。

- 自分の性行動について

　浮気や買春、のぞき部屋、テレフォンセックス、ポルノ写真、露出趣味、フェティシズムなど、自分の性的行動の具体例について話し合ってみよう。

- 自分の闇の部分について

　妄想、怒り、攻撃衝動など、自分の中にあってなかなか直視できない面について話し合ってみよう。

■理想のセックスを実現する方法❷
──どうすれば満足できるか自分で確かめる

「あなたの望みをかなえるためにこの世に生まれてきた人。それはほかならぬあなた自身です」

私はナイスガイたちによくそう言います。セックスについては、特にそういえるでしょう。ナイスガイたちが自分の欲求をしっかり把握し、自分の力で対処するようになれば、回数的にも質的にも望みどおりのセックスを実現することができるはずです。詳しく説明しましょう。

ひとつの大きな行動パターンは、多くの小さな要素の集合体です。ですから、大きな行動パターンを変えるには、それを構成する小さな要素を変えていくのが効果的です。例えば、セックスの回数や中身が自分の望みとは違うという場合、外でその回数を埋めたりするのではなく、自分の望みとは違ってしまう原因を探り、その原因となる要素を変えていくことで、結果として大きな変化がついてくるのです。

ナイスガイたちがワクワクドキドキするような、情熱的で満足感あふれるセックス体験を実現するには、それがどういうものなのかをあらかじめ学んでおく必要があります。自分の力で自分の欲求に対処する。例えば健全なマスターベーションによって、自分が満足できるセックスをイメージし、基本的な行動パターンを変えていくのも効果的です。

以下の論理について、ちょっと考えてみてください。

・自分の手で性的興奮を得ることに羞恥心を覚えるかぎり、他者とのセックスで羞恥心を覚えることなく性的興奮を得ることなどできない
・自分に快感を与えられないかぎり、他者が与えてくれる快感を受け入れることなどできない
・自分自身で性的興奮や快感を得られないかぎり、他者とのセックスで性的興奮や快感を得られることはない
・アダルトビデオや妄想でしか性的興奮を得られないのであれば、他者とのセックスにおいても、それらがなければ性的興奮を得られない

ナイスガイたちは、私の言う「健全なマスターベーション」によって、こうしたパターンを変えていくことができるでしょう。「健全なマスターベーション」は、性的なエネルギーを解き放つための一プロセスとなります。そこには目標も到達点もありません。オーガズムに達することが目的なのでもありません。また、内なる羞恥心や不安を紛らわせようと、アダルトビデオなど外からの刺激も必要とせず、トランス状態になる必要もなければ妄想も必要ありません。それは、ひたすら自分の快感に注意を集中することを学ぶ手段であり、自分の性的快感を獲得するということなのです。

「健全なマスターベーション」について話し合うことには、多くのナイスガイたちが当初はかな

り違和感を覚えるようです。自分で快感を得ることを奨励するなんて、本末転倒なのではないかと思うのです。一般にナイスガイたちは、マスターベーションに関して心の奥底に深い羞恥心を隠しています。また彼らの周囲には、例えばパートナーや宗教など、その羞恥心を強化してしまう要因がたくさんあります。強迫的なマスターベーションから抜け出せずにもがいているナイスガイたちも大勢います。多くのナイスガイたちにとって、自分に対して快感を与えてしまう行為は、最悪の場合、習慣化してやめられなくなるとしか思えないのかもしれません。

ただナイスガイたちが、アダルトビデオや妄想などの力を借りずに自分に快感を与えることを学習すると、強迫的な行動がなくなっていくという例を、私はいくつも見てきています。また、その体験を信頼できる人々に話すと、秘められた羞恥心が急速に小さくなっていくという例も、いくつも見てきました。

ポルノについて一言

私は、法的、倫理的にポルノは悪いものだなんて思いませんが、次のようないくつかの理由で、男にとって必ずしもよいものだとも思いません。

- セックスはこうすべきだ、セックスはこうあるべきだという非現実的な期待を抱かせる
- 女性の体や体の一部だけに対する偏愛を助長する

・リアルなセックスの代用品になりがち
・恥ずかしいという感情や不安を紛らわすために恍惚状態を得る道具となる
・隠れて秘密裡に利用されるため、羞恥心を強化してしまう

私はナイスガイたちに、ポルノを見るのなら堂々と見るよう勧めています。そうすることで無用な恍惚状態にならずにすみ、悪影響がなくなるからです。

妄想について一言

妄想は、難しい言葉で言えば、人間の体と心を切り離す「乖離《かいり》」のプロセスです。男が性的妄想をかき立てるとき、彼の心は意図して体を離れます。セックス専門のカウンセラーの中には、性生活を改善するために有効だとして妄想を奨励している人もいますが、私に言わせれば、それは性生活にとって百害あって一利なし。セックス中に妄想するのは、例えてみれば、せっかく高級牛肉ステーキを食べているのに、ファストフードのハンバーガーのことを考えるようなもの。妄想にできることは、羞恥心や不安感を紛らわし、自分が質の悪いセックスをしているという事実を隠してしまうことぐらいです。

「健全なマスターベーション」は、満足のいくセックスを阻んでいる行動パターンを変えるうえで役立ちます。「健全なマスターベーション」とは以下のような行為です。

- 性的興奮を覚えることへの羞恥心や不安を取り除くことができる
- 自分の性的欲求に責任をもって対処できるようになる
- 手の届かない相手やポルノへの依存心を取り除く
- 本来大切にすべき対象、つまり自分自身を喜ばせることができる
- 満足のいくセックスを、したいだけしていいんだという自信を育む
- 自分の快楽を、自信をもって追求できる

「健全なマスターベーション」が、自分に快楽を与えることを阻んでいた行動パターンを変え、人との肉体的つながりがもたらすすばらしい満足感を与えてくれるのです。

先に紹介したテランスは、当初、フィアンセとの関係が破綻しないように、「ある悩み」を手っ取り早く解消しようと、私のもとを訪れていました。最初の何回かのカウンセリングでは、自分自身の欲求をまず第一に考えることに焦点を絞りましたが、多くのナイスガイ同様テランスも、その考え方に違和感を覚えました。いや、実は違和感どころかかなりの抵抗感があったのです。自分が相手を満足させることができなければ、恋人として不適格で、前妻同様、彼女も去っていく……。

それが怖くてたまらなかったからです。

私はまず、性とは関係ないことで自分を喜ばせてみるよう勧めてみました。「フィアンセから魅力的な男だと思われるようになるには、絶対必要なことだから」。私は定期的にそう伝えて励ましました。自分の望みを優先してもフィアンセに捨てられるわけではないことを確認すると、私たちは次のステップに進みました。「健全なマスターベーション」について話し合ったのです。私は、ぜひひとりの時間をつくって、自分の快楽や性的興奮を追求してみるよう励ましました。絶頂に達することを目標にせず、ビデオや妄想の力を借りず、ひたすら自分の感覚に意識を集中すればいい。その際、自分が羞恥心や不安から無意識のうちに目をそらそうとしていないか、自分を観察してほしい。私はそうアドバイスしました。

テランスが試してみるまでには何週間かかかりました。最初は「特に何も感じない」と話していた彼に、私は少なくとも一週間続けてみるよう励ましました。数週間後、「実は何となく楽しくはなってきましたが、フィアンセに怒られるのではないかと心配になります」と話してくれました。

私はテランスに、フィアンセもカウンセリングに連れてきて、性的なパターンを変えてみることについて一緒に話し合ってはどうかと提案しました。その後フィアンセも交えた三人で、テランスが自分の欲求を大切にすること、彼女の満足よりもまず自分の満足を優先してみることを学んだほうがいいといった話をしました。するとフィアンセは、安堵したように、「テランスから何度もオーガズムに達することを期待されているようで、仕方なくいつも達しているフリをしていたけれども、彼には言えなかった」と言うのです。

これを機に、二人は今までの愛し合い方について話し合うようになりました。すると二人の関係に変化が出てきました。愛し合いながら、お互いに、自分がしてほしいこと、したくないことについて言葉を交わす時間が多くなってきたのです。最初は迷いましたが、テランスは、「健全なマスターベーション」で発見したことを相手に伝えてみました。すると、フィアンセが積極的に彼を喜ばせてくれるようになったので、彼は驚きました。二人は、お互いが快感を味わえる愛し合い方を工夫するようになったのです。

数カ月後、テランスとフィアンセは予定どおり結婚しました。二人とも、かつてのような愛し合い方を卒業して、もっと心が通い合う、つながりが感じられるセックスができるようになって満足している、と話してくれました。

38
こうして克服！

健全なマスターベーションをする時間をとってみよう。誰にも邪魔されない落ち着く場所を選ぶ。局部をよく見て、ポルノや妄想の力を借りずに手で触れてみる。射精やオーガズムに達することを意識するのではなく、自分の感覚に集中しよう。また、その感覚を妨げるものがあるかを観察する（例えば、妄想の世界に入ろうとする、オーガズムを意識しすぎる、気が散る、快感が失われること等)。
その結果をもとに、自分が何に対して羞恥や不安を感じるかを把握しておこう。

■理想のセックスを実現する方法❸
——満足のいかないセックスに「ノー」と言おう

ことセックスに関するかぎり、ナイスガイたちは「テーブルの下の犬」以外の何ものでもありません。テーブルから落ちてくるおこぼれを拾い、もっと落ちてこないかな、と待っているのです。ナイスガイたちはビデオで描かれる非現実的な肉体のイメージに甘んじ、顔の見えないテレフォン/ネットセックスでそそくさと欲求を処理し、乗り気でない相手に無理矢理お願いして相手をしてもらい、情熱もない機械的な性行為に終始し、トランス状態や妄想の力を借りる等々のパターンに甘んじているのです。

満足度の低いセックスに甘んじているかぎり、満足度の高いセックスを経験する機会は限られてしまいます。私は、折りにふれて彼らにこう言います。「自分の望むものを手にしたければ、今手にしているものは捨てよう」。満足度の低いセックスをやめることこそ、満足度の高いセックスを実現する近道なのです。

では満足度の高いセックスとは、どのようなものでしょう。アダルトビデオやポルノ雑誌で見たものをベースにするかぎり、満足には程遠いセックスのお決まりのパターンを繰り返すことになるだけです。私が考える「満足度の高いセックス」とは、自らの欲求をきちんと把握した二人の人間が結ばれること。そこにはゴールもなく、打算も期待もありません。それはお互いのテクニックを競う場ではなく、自分が本来持っている性的なエネルギーを解き放つ場であり、二人の人間が、最も親密で無防備な状態でお互いのすべてをさらけ出す場なのです。二人がお互いの快感と情熱、興奮だけに没頭し、喜びを共有しながら結ばれ、しかもそうした喜びが予期せぬかたちで、自然発生的に訪れるからこそ、いつまでも記憶に残る。それこそが満足度の高いセックスといえるでしょう。

もう満足できないセックスに甘んじたりしない、と決意したナイスガイたちは、今までとは違ったことをしてみようと積極的に考えるようになります。

例えば以下のようなことです。

- セックス上手になろうという考えは捨てる
- はっきり、直接的に思いを伝える
- 思いが伝わりやすそうな相手を見つける
- おこぼれを待ったりしない
- 満足できないセックスでも、しないよりはマシなどと考えない満足度の低いセックスに甘んじたりしないと決意することで何が変わるのか。先ほどのアーロンの例でお話ししましょう。克服グループに入って数週間、アーロンはずっと、妻のハンナをその気にさせることができない無力感や不満をぶちまけていました。アーロンは、二人の性的な幸福の鍵を握っているのは妻のほうだと信じて疑わず。「妻は意図してその鍵を使わないようにしている」と怒っているのは、誰の目にも明らかでした。彼は、妻から拒絶されて、自分は価値のない人間だという思いにさいなまれていたのです。

数週間後、私はアーロンに、「少し冷却期間を設けてはどうか」と提案しました。さしあたり六カ月間、ハンナとのセックスをやめてみる。そしてその間、結婚以来あきらめていたことを再開する。自分が感じることをすべてハンナに伝える。妻が相手をしてくれるかどうかなどあまり考えなくなる分、自分が昔やっていたことをやってみたり、自分の気持ちをはっきり口に出したりするのはけっして難しくないはず。それにセックスしなくていいとなれば、何か妻を怒らせてしまうのではないか、そのせいでセックスを拒絶するのではないか、などと心配する必要もなくなる。私はそう説明しました。

アーロンは、そんなことでハンナがセックスに前向きになるのか、半信半疑な様子でした。私は「ハンナをその気にさせることが目標ではありません。あなた自身が『鍵』を自分の手に取り戻し、被害者意識を捨てることこそが目標なのです」と言いました。

当初は半信半疑だった彼ですが、やがて、とにかくセックスのことをあまり考えなくてよいのであれば楽になる、と思うようになりました。グループのメンバーの励ましも受けて、アーロンは、帰宅したら妻にこの計画の話をしてみると決意を述べました。

翌週、アーロンはグループのメンバーに、妻と話し合ったことを教えてくれました。妻は当初腹を立てましたが、週も半ばになると、この数カ月間見せたこともないような優しさのこもった態度で接してくれるようになったということです。

その後六カ月間、アーロンは事の進展についてグループに逐一報告してくれました。以前なら、そんなことをすれば不安でたまらなかったはずなのに、何年も会っていなかった男の友人たちと飲みに出かけることもありました。自分の思っていることを素直に妻に伝えるようになり、妻に怒りを覚えたときには、その感情もきちんと伝え、彼女が悩みごとなどをあれこれ話しだしても、聞きたくなければはっきり言うこともありました。以前なら自分の胸の内に押しとどめておいた思いも外に出すようになったことで、アーロンには、自分が正直な人間になったという実感がありました。妻から彼を求めるようなこともあったようです。「しつこく追いかけられなくなって気持ちが楽になったせいか、逆に私から求めたくなることが多くなったわ」。妻は彼にそう打ち明け、必ずしも最後までいかなくても、アーロンに体を寄せるだけで充分に性的な充足感を覚えるようになったとも語ったそうです。

六カ月後、アーロンは以前ほどの恨みがましい気持ちがなくなって、これまでより妻と心のつながりを感じられるようになったと語りました。彼は、セックスの力を借りずに自分の欲求もきちんと満たし、自分の感情をきちんと表現する術を身につけたことを実感したのです。何より、二人が再び肌を重ね合うようになってから、妻との絆がこれまでになく強くなったことを実感できたのは、大きな成果でした。

39 こうして克服！

セックスの休止期間を設けることを検討してみよう。期間を決めて、その間はセックスしないようにする。皆さんの性生活がどういう状況にあったとしても、収穫の多い学習期間になるはずである。抵抗感があるかもしれないが、いざ決意してみると、きわめて前向きな体験ができることに気づくはずだ。セックス休止期間を設定することには、以下のように多くのメリットがある。

- ずっと続いてきた悪循環を断ち切れる
- 夫が追いかけ、妻が避けるというパターンがなくなる
- 恨みがましい気持ちが晴れる
- セックスなしでも生きていけるという見方を身につけられる

- 性生活を改善する「鍵」を握っているのはほかならぬ自分、という自覚が生まれる
- 自分がいかに満足できない性生活に甘んじていたかを実感できる
- パートナーがセックスに応じてくれない、自分を認めてくれないといった不安感がなくなる
- 性的衝動の重要性を考えるようになる。性的衝動を覚えるたびに、「なぜ自分は性的欲求を感じるのか」と自問するようになる
- 強迫的なマスターベーション、ポルノなどに依存する傾向を断ち切れる
- セックスに対して抱いていたわだかまりが雲散霧消する

セックス休止期間を設ける前に、必ずパートナーと話し合い、適切な期間を決めよう。三カ月から六カ月間がよいと思う。大丈夫、きっとうまくいく!

これはいい、これはダメ、といったルールも決めておくとよい。休止期間に入ったら、二人ともルールを守っているかお互いに注意しよう。ただこれは学習体験なので、完璧である必要もなく気負わないで取り組んでみよう。

■理想のセックスを実現する方法❹——野生動物に学ぶ

自然界を見てみると、群のボスとなるオスは、どうすればメスに振り向いてもらえるかなどとゴチャゴチャ考えることはありません。自分はあくまで自分。猛々しく、強く、戦うべきときは戦い、性的な自信にあふれています。ありのままの自分を貫いて自分のやるべきことをやっているから、つがいとなる候補のメスたちは皆惹かれるのです。

人間界でも、やはり自信こそが最高の媚薬。ナイスガイたちも、ありのままの自分をしっかり出せるようになれば人間としての魅力を放つようになるはずです。自尊心、勇気、そして首尾一貫した誠実な態度。魅力的な男にはそうした要素がよく似合います。自分の進むべき方向をしっかり定め、自分のことを第一に考えられる人間の周りには、自然と人が集まってくるものです。

自分のことを第一に考えたりすれば、自分勝手な人間になるだけだ。そう言っていたナイスガイたちが、いざ自分の欲求を優先してみると、振り向いてくれなかったパートナーが自分を求めてくれるようになったという話を、私は数限りなく聞いてきました。あるナイスガイは、すでに一四カ月も妻との間にセックスがなく、克服グループでも、職場でのトラブルに文句ばかり言っている妻の話を聞くことに疲れたと言っていました。その後帰宅した彼は、結婚一五年めにして初めて、思い切って妻に「そういう話はもう聞きたくない」と告げたのです。ところが、なんとその夜、妻は彼の体を求めてきたのだそうです。

自然の力

セックスをエキサイティングな体験にする力。それはまた、セックスを不安の源にしてしまう力でもあります。セックスはパワフルで混沌とした野性的な行為であり、無限に広がるエネルギーに満たされています。私たち人間は、火に引き寄せられる蛾のように、そこに引き寄せられます。ナイスガイたちは、性に対する羞恥心や不安を解放することによって、自分の快感を大切に考え、満足のいかないセックスに甘んじることなく、あるがままの自分をさらけ出し、調和のとれた自然のなかに身を置くことができます。そしてそのとき初めて、理想のセックスを実現できるのです。

第9章

理想的な人生を手に入れよう

もし人生に何も制約がなかったとしたら、皆さんはどうするでしょう。

- どこに住みたいと思うだろうか
- 余暇には何をして過ごしたいと思うだろうか
- どのような仕事につきたいだろうか
- どんな家庭、どんな環境で暮らしたいと思うだろうか

自分の人生の現実を眺めてみて、以下の二つのことを自分自身に問いかけてみてください。

- 自分は望むとおりの人生を築けているだろうか

・そうでないとしたら、それはなぜなのか

私が見てきたナイスガイたちは、概して知的で勤勉で、能力も高い人間ばかりです。ただ、ほとんどがそこそこの成功を収めているものの、持てる能力や潜在能力をフルに活用しておらず、自分が望んだとおりの人生を送っていないように思えます。

ナイスガイというのは、人から認められたいという思いから自分の欠点を隠し、安全な道ばかりを歩き、本来有効な方法とは真逆のやり方をとってしまう人たちですから、自分の持てる力をすべて発揮できない結果になってしまうのも当然です。数えきれないほどの、知性と才能に恵まれた男たちが人生を無駄に過ごし、パッとしない日常に埋没してしまう……。「ナイスガイ症候群」がもたらす最大の悲劇は、そこにあるのかもしれません。

仕事とナイスガイ

ナイスガイたちは、そもそも長年体にしみついた人生のパラダイム、つまり思考パターンが、夫婦関係や親しい人との関係に与えている悪影響を何とかしたいということで、カウンセリングにやって来ます。ところが、そうした人間関係のトラブルは、彼らが仕事やキャリア、ひいては人生設計全般にも影を落とし、満足できていない現実があります。ギクシャクした、不満だらけの人間関係の中に彼らを追い込んでしまう要因と、仕事人生でも思ったような成果が得られないという状況をもたらしている要因は、同じものであることが多いのです。

人生、仕事、キャリア、そのいずれにおいても彼らが本来の力を発揮できずにいる要因は無数にあります、以下はその一部です。

①不安感
②何でもきちんとやろうとする
③何でも自分ひとりでやろうとする
④仕事を手加減する
⑤誤った自己イメージ
⑥欠乏感
⑦効果の出ない十年一日《じゅうねんいちじつ》の思考パターン

■人生が思うようにならない理由❶――不安感

ナイスガイたちが経験する悩みのひとつひとつに共通する要因を挙げるとすれば、それは何といっても「不安感」でしょう。彼らのすること、しないこと、すべてを操っているのが不安感。彼らの思考はすべて不安感というフィルターを通って生み出されており、彼らの行動はすべて不安感という暴君に指図されるがままなのです。例えば、次に挙げる行動はすべて不安感のなせる業といえるでしょう。

- 約束されていた昇給が果たされなかったのに、きちんと要求できない
- より充実したキャリアを追求するには、大学などに入り直して教育や訓練を受ける必要があるにもかかわらず、なかなかできない
- 今の仕事に嫌気がさして辞めたいのに、なかなか辞められない
- ずっと夢見てきた事業を始めたいのに、なかなか踏み出せない
- 自分が本当は住みたかった場所に住めず、本当にやりたかったことができていない

ナイスガイたちはミスをしてしまうことを恐れ、間違ったことをしてしまうのではないかと恐れ、失敗を恐れ、何もかも失ってしまうことを恐れています。こうした失敗を恐れるのと同時に、彼らは実のところ成功することにも恐れを抱いています。成功を求めていながら、本当に成功してしまったら、以下のようなことになるのではないかと不安になるのです。

- 裏切り者と思われてしまうのではないか

・周囲の期待に応えられないのではないか
・あれこれ批判されるのではないか
・期待の大きさに押しつぶされてしまうのではないか
・生活がメチャクチャになってしまうのではないか
・すべてを台無しにするようなことをしでかしてしまうのではないか

現実のものであれ思い過ごしであれ、彼らはそうした不安に立ち向かうこともなく、持てる力のほんの一部しか出せない状況に甘んじてしまうのです。

■人生が思うようにならない理由❷——何でもきちんとやろうとする

生きとし生けるものはすべて進化と変化の途上にあります。人の心もしかりで、自分の中に起こる進化と変化のプロセスを、自然に、完全に成就させるためには、余計な手出しをせず成り行きに任せなければなりません。成り行きに任せるからこそ、思いもかけない美しさにあふれた人生の混沌と出会い、共鳴できるものを見つけ、それが驚きに満ちた、充実した人生をもたらしてくれるのです。

ところがナイスガイたちは、波風立てることなく山も谷もない平坦な人生を送らなければならない、という思いにとりつかれています。そのためにすべてを「きちんと」やろうとし、「ルール」に従おうとします。残念ながら、こんなチマチマとした処世術は、豊かな人生をもたらしてくれるはずのエネルギーにフタをして閉じこめてしまうようなものでしょう。これでは、彼らの情熱も閉じこめられてしまい、本来持っている能力も引き出せなくなって、次のような結果をもたらすだけです。

- 何でも「きちんと」やろうとすることで、創造性や生産性が犠牲になる
- 完璧を目指すあまり、自分の欠点ばかり気にしてしまう
- 周囲からの評価を気にするあまり、可もなく不可もない結果しか出せない
- 自分の欠点やミスを隠そうとするあまり、リスクをとって挑戦することができなくなる
- ルールに従おうとするあまり、融通の利かない、ビクビクおどおどした態度になってしまう

要するに彼らは、自分で限界を設定してしまうことで、自分の人生も仕事も、今一つ満足のいかない、退屈でつまらないものにしてしまっているのです。

■人生が思うようにならない理由❸——何でも自分ひとりでやろうとする

子供時代、多くのナイスガイたちは、自分の欲求をタイミングよく適切なかたちで満たしてもらえませんでした。邪険にされたり、利用されたり、虐待されたり、放っておかれた経験を持つナイスガイたちもいます。このため彼らは、欲求を持つのはいけないことなんじゃないか、という思い込みを大人になっても引きずってしまい、何か欲しければ自分で何とかするしかないと考えるようになりました。

その結果彼らは、人から何かしてもらったり、人に何かを頼んだりということがひどく苦手になってしまい、手を貸そうという人がいたりすると、どうしていいか分からなくなってしまう。人に任せるということができないのです。

すべて自分で何とかしなければ、と思い込んでいるので、彼らは自分の持てる力の半分も出せなくなってしまいます。すべてを成功裏にうまくやれる人などいるはずもないのに、彼らは自分ならできると思い込んでいます。「多芸は無芸」という言葉がありますが、何でもできると思い込んでいる彼らは、実のところすべてにおいて可もなく不可もない結果しか出せません。子供時代の経験から、人生のどの分野でも、持てる力をすべて発揮することができない大人になってしまったのです。

■人生が思うようにならない理由❹——仕事を手加減する

ナイスガイたちは、内心成功することを恐れているため、何とかして成功しないようさまざまな手段を思いつきます。例えば以下のような行動です。

- 時間を無駄に使う
- 言い訳をする
- 仕事を中途半端なままにする
- 人の世話を焼く
- 一度に多くの仕事を抱え込む
- 人間関係のもつれを放っておく
- 仕事を先延ばしにする
- できることとできないことの境界線を引かない

ナイスガイたちは、能力のあるフリをするのが得意ですが、本当に能力を発揮してトップに立ってしまったら、周りから注目され、何かと詮索されたりしてしまいます。華やかなスポットライトを浴びてしまうと、自分の問題点や欠点も照らし出されることになります。

そこで彼らは、絶対に成功しすぎることがないよう、あれこれ策を編み出すのです。何も始めなければ失敗することもない、最後までやらなければ批判にさらされることもない、というわけです。また、一度に多くの仕事を抱えてしまえば、それぞれを首尾よく終わらせなくても言い訳ができますし、巧みな言い訳ができれば、周りから過度に期待されることもなくなるわけです。

■人生が思うようにならない理由❺――誤った自己イメージ

自分の欲求が、タイミングよく、適切なかたちでかなえられなかった子供時代の経験から、ナイスガイたちは自分について誤ったイメージを形成してしまいます。幼く未熟な論理で、自分の欲求がそんなに価値のないものなら、自分もまた価値のない存在なのだろう、と結論づけてしまったのです。これが必要以上に自分の価値をおとしめる「過剰な自己否定」の土台になります。彼らの心の奥底には、どうせ自分なんか重要な人間ではないんだ、あるいは評価してもらえない人間なんだ、という思いが根を張っているのです。

子供時代、文句や要望の多い親、あるいは依存心の強い親の面倒をみなければならない状況にあったナイスガイの場合、二重の意味で「自己嫌悪」にさいなまれることになります。子供としては、文句の多い親を喜ばせ、依存心の強い親の問題を解決し、要望の多い親を満足させなければと思いながらも、実際にはできないからです。

親の問題を解決したり、喜ばせたり、世話を焼いたりすることができなかった結果、ナイスガイたちは心の奥底に不全感を残してしまいます。自分にはできるはずだと思っていたのに、結局は何もできなかった……。ママは相変わらずふさぎ込んでいるし、パパは相変わらず怒っている……。

この、心の奥底の不全感、失敗したという思いは、大人になってからも残っています。一部のナイスガイたちが、すべてを「きちんと」やることで不全感を補完しようとするのは、そのためです。そうしていれば、自分がダメ人間であることがバレることはない。彼らはそう期待するのです。一方で、最初からあきらめてしまうナイスガイたちもいます。

こうした不全感があるために、自分の本当の姿を隠し、チャンスも生かさず、新しいことにも挑戦しないというナイスガイ的な行動パターンができあがります。この不全感のために、自分にどれぐらいの才能があるのか、どれほどの知性があるのかを確かめることもなく、昔ながらのパターンにとどまろうとするのです。周りの人は、彼には才能も知性もある、と見ているのですが、彼ら自身は、子供時代から使っている歪んだレンズで自分を見ている……。そのため、自分の能力や可能性を正しく見ることができなくなっているのです。

こうした歪んだ自己イメージによって、感情面でも認識面でも「ガラスの天井」がつくられることになります。それは、彼らの成長を抑え込んでしまう、目に見えない天井です。たとえその上に伸びていきたいと思っても、その目に見えない天井にぶつかって、慣れ親しんだ場所に落ちてきてしまうのです。

■人生が思うようにならない理由⑥——欠乏感

子供時代に、自分の欲求が思いどおりにかなえられなかったのは、そもそも自分の望むものが、家に充分なかったからだと思い込んでしまったナイスガイたちもいます。そして、そうした欠乏感、飢餓感から、世界を見る彼らのレンズは歪められてしまいました。

欠乏感によってつくられた思考パターンに基づいて、彼らは何とか人に悟られない方法で人を思いどおりに誘導してでも望みをかなえようとします。そして、そうした方法で手にしたもので我慢し、多くは望まないほうがいいと考えるようになる一方、自分にないものを持っていると思える人々をうらやむようになります。

さらに、このような欠乏感に基づく思考パターンによって、ナイスガイたちは大きなことは考えないようになります。「どうせ自分なんかに、よいモノなど似つかわしくないから」といった言い訳をはじめ、自分の小さな世界が崩れることのないようありとあらゆる策を考えだします。そうすることで「自分にはおこぼれがお似合いだし、それで充分」と自分を納得させるのです。自分が本当に望んでいるものなど絶対手に入れられないのだ、と納得するために必死で自己正当化するのです。こうした強引な理屈をつけて自分を矮小化《わいしょうか》してしまうので、本来持っているはずの力を発揮することも、望みどおりの人生を送ることもできなくなっています。

■人生が思うようにならない理由❼——効果の出ない十年一日《じゅうねんいちじつ》の思考パターン

これまでの章でも詳しく見てきましたが、ナイスガイたちが望みどおりの愛を手にできない要因は二つあります。

ひとつは、子供時代からすっかりなじみになってしまった人間関係を、大人になっても再現してしまうこと。彼らは、自分が子供時代に経験した歪んだ人間関係を、再現してしまうような相手を、無意識のうちに選んでしまいます。しかも、二人の関係がしっくりこない原因がパートナーの側にあり、自分はその犠牲者だと思っています。自分側の理由で、そうしたタイプの相手に惹かれてしまう、ということなど思いもよらないのです。

二つめは、別れ方がヘタなこと。普通の人のように荷物をまとめて出ていく、ということができず、同じパターンを繰り返しながら、奇跡的に何かが起きて事態が好転することを期待したりするのです。

仕事の面でも同じ。彼らはこれまでの人生で演じてきた役割——子供時代からすっかりおなじみになっている人間関係やルールを再現できそうなキャリアや労働環境を、わざわざ選んでしまいます。そして、自分はそうした状況の犠牲者だと思い込み、なぜそうなってしまうのかなど考えもせず、さらにそこから抜け出そうと思えばできることなど、思いもよらないのです。

彼らは、無意識レベルでこれまでの人間関係を仕事やキャリアにまで持ち込んでしまうことによって、行き詰まり、不満を募らせていきます。子供時代の問題を引きずっているかぎり、本当にやりたいこともできず、昇進もかなわないままなのです。

自分の情熱と可能性を信じよう

私は克服グループのメンバーによくこう言っています。「私の目標は、皆さん一人ひとりがこのグループを出て豊かになっていただくことです」。それは金持になるとか、モノに恵まれるということではなく、自らの情熱を再発見し、可能性をフルに引き出していただきたいという意味です。先ほどもお話ししましたが、私が出会ったナイスガイたちは、概して知的で才能にあふれていますので、グループで克服に取り組むうちに、本来の自分をしっかり理性的に受け入れることができるようになります。こうして自分を受け入れることで、自分の中に潜む情熱を再発見し、不安と向き合えるようになるのです。

自分と周りの世界について、これまでより正確に認識できるようになれば、自分の周りのさまざまな可能性、宇宙の豊かさを日々感じ、その恩恵を享受できるようになります。その恩恵はお金というかたちをとることもあれば、愛やセックスというかたちをとることもあります。輝かしい名誉というかたちをとることもあるでしょうし、こうしたことすべてが一挙にやってくることもあるでしょう。

この章では、ナイスガイたちが自分本来の姿に戻る、その方法をご紹介します。こうした方法によって、これまで数えきれないほどのナイスガイたちが情熱を再発見し、能力を最大限に発揮できるようになりました。皆さんもきっとできるはずです。

■すばらしい人生にするために❶——不安に向き合おう

幼いころのチャーリーは、情熱ややる気というものが感じられない子供の典型だったに違いありません。初めてカウンセリングにやってきた当時、彼は好きでもない仕事を辞めることもできず、絵に描いたような不安でつまらない日々を送っていました。その数年前に専門学校に通って生産工学の学位を取っていたのですが、学校に通う前からの仕事を相変わらず続けていました。会社からは、学位を取れば昇進もあると言われていたのですが、その約束が果たされることはなく、彼は恨みがましい気持ちを押し殺しながら、相も変わらず気乗りのしない仕事を続けていたのです。

そんなチャーリーにも、ただひとつ情熱を感じられることがありました。空を飛ぶことです。母親からは、そんな危ない仕事はやめなさいと言われましたが、彼は大学を出るとパイロット養成学校に通いました。ただ、パイロットになる夢を持ちながら、資格取得に必要な成績が足りなかったり、資金もなくなったりで、なかなか夢をかなえられずにいました。

ある時、知り合いの女性が私のオフィスのウェブサイトをチャーリーに教えました。サイトでナイスガイについての記述を読んだ彼は、完全に打ちのめされます。「これはまさに僕のことじゃないか。僕のことをこんなによく知っている人がいたなんて」と驚愕したそうです。それから半年ほど、迷いに迷っていましたが、意を決して私にメールを送ってきました。二回めのメールが来るまでに、それからさらに二カ月かかりました。克服グループに参加する必要があることは分かったのですが、何でも包み隠さず話さなければならないのかと思うと、かなり不安だったのです。

ただ、このころ、彼は何としても人生を変えようと決断していましたので、何か不安なことがあるのであれば、しっかり向き合って克服しなければならないと考えていました。すでに彼は、自分でも気づかないうちに、情熱を取り戻し、人生の目的をかなえる道程の第一歩を踏み出していたわけです。

克服グループに加わったチャーリーは、その後一年半ほど、ひとつの信条を忠実に守りました。それは「怖いことがあるなら、あえてしっかり向き合って乗り越えること」。彼はゆっくりとではありますが着実に、変わっていきます。最初はハイハイしかできなかったのに、やがて歩けるようになり、ヨチヨチ歩きしかできなかったのに、確実に走れるようになり、走りだしたらもう止まることはありませんでした。

その後さらに一年半ほどかけて、彼は情熱を取り戻し、望んでいた人生を手に入れるための歩みを着実に進めていきました。

克服グループにも熱心に参加して自分のことを積極的に話し、メンバーたちと向き合うようになりました。その中で彼が気づいたのは、子供時代に経験した疎外感と、家庭環境から受け取っていた歪んだメッセージのことです。彼は父親に連絡して一緒にカウンセリングに参加してくれるよう頼みました。そしてカウンセリングの席で、子供のころあまり相手にしてくれなかったこと、関心を持ってくれなかったことについての思いを打ち明け、父親と向き合ったのです。

また、実のところ彼は、パイロットの資格が取れないのは、ガールフレンドのために金がかかりすぎたせいだと思っていたのですが、そのことで彼女を責めるのもやめました。現在通っている養成学校には、彼が必要とする課程や機材がないことも分かったので、学校を変えることにしました。同時に、生産工学の学位を生かせる仕事探しも始め、いくつか面接にも臨みました。

せっかく取得した生産工学の学位を生かすことができないにもかかわらず、歪んだ自己イメージをもったまま現状に甘んじてしまった原因、つまり自分の内なる不全感や、家庭環境からの影響と真っ向から向き合ったのです。一緒に暮らしているガールフレンドにも、かつてはビクビクしながら接していたのですが、分担した家事をきちんとやるようはっきり伝えることにしました。

やがて、彼は単独飛行試験もクリアして、見事にパイロット免許を取得しました。誕生日には、お祝いをしようという克服グループのメンバーたちに誘われて、みんなでレストランに出かけましたが、そこで彼は、周りから注目されることへの不安感と向き合うことができました。面接を受けたエンジニアリング会社への就職も決まりました。その会社は、チャーリーには能力も才能もあるので、必ずや会社に貢献してくれるものと信じていると話したそうです。チャーリーがメンバーたちの前で、就職が決まったという報告をしてくれたとき、私はこう実感しました。

「私は今、あるナイスガイが劇的な変身を遂げた瞬間に立ち会っているのだ！」

チャーリーは、内気でオドオドした受け身のナイスガイから、情熱と目的意識を持ってダイナミックに進化する男へと生まれ変わったのです。私はチャーリーに、何が成功の鍵となったのか、メールで送ってくれるよう頼みました。以下、その返信を紹介しましょう。

グラバー先生へ

僕が新しい仕事に就くことができた経緯を、箇条書きにまとめてみました。

一．何をやるにしても、まずは被害者意識を捨てなければと思いました。

二．心の中に、人と自分を分ける境界線を引きました。最初は小さな境界線でしたが、だんだん大きくなりました。

三．境界線を引いて、それを守るようにすると、自分に対する自信が出てきました。

四．この時期、自分が正直になったような気がしました。

五. 僕はもう大人で、教育も受けている。生産工学エンジニアという役割を引き受けていいのだ。そう信じられるようになりました。

六. 以前の職場の経営者はどうしようもない人間でしたが、仕事を辞めないほうが不安を感じずにすむと思っていました。でも、そんな考え方はもう必要ないと分かって、前に進む決断ができました。

先生、本当にありがとうございました。心から感謝しています。

チャーリー

■すばらしい人生にするために❷——人生の道筋を描こう

ナイスガイたちも含めて多くの人々は、意識して自分の思いどおりの人生を築いていこうとしているとは思えません。ほとんどの人は、あるがままの自分を受け入れるだけで、新しいことに挑戦したり、エキサイティングな人生を手にしたりすることなどできるわけがないと思っているようです。

私がナイスガイたちに、自分の人生に責任を持とうといった話をすると、多くの人がどう考えていいのか分からない、という表情をします。自分にはいくつもの選択肢があって、その選択肢を現実へ変えていくことができるなどという考え方は、彼らの思考パターンにはないからです。

そこで私は、「自分が好きなことができて、それで報酬がもらえる人生を思い描いてみてください」と提案してみます。でも、やはりほとんどの人が理解できないという顔をします。「おとぎ話を信じろとでも言うのか？」とでも言いたげな表情です。そういう話をすると、「世の中、先生みたいに自分の好きなことを仕事にできて、それでお金がもらえる幸運な人ばかりとはかぎらないんですよ」といった言葉とともに、はねつけられてしまうのです。そういう論理に、私もしばらくは納得していましたが、やがて、私の人生が必ずしも幸運から生まれたものではないことに気づくようになりました。

まず、私が博士号を取ったことは、自分の決断と努力と猛勉強の結果であって、幸運によるものではありません。

カウンセリングを仕事にするようになったときも、安定した収入のよい仕事を辞めなければならなかったので、先々の不安と向き合わなければなりませんでした。犠牲も払い、当面の生活費を稼ぐために副業もしました。試行錯誤の中でさまざまなことを学びながらの耐乏生活が続きました。幸運によるものではありません。

カウンセラーとしてのスキルを向上するにも、自分自身の成長と絶え間ない進化が必要ですし、自分を磨くための投資も欠かせません。幸運だけではできないのです。

本を書くことも、ウェブサイトをつくることも、本を出版することも、大変な努力と、さまざまな不安との闘いを伴います。幸運だけではできません。

私は特別な人間ではなく、特に秀でた才能もない普通の男です。ふだんカウンセリングしているナイスガイたち同様のさまざまな不安を、私自身も抱えています。私のもとにやって来るたくさんのナイスガイたちと同じなのです。特殊な才能やスキルなんて、私にはないのです。

もし、何か違いがあったとすれば、それは以下のようなことかもしれません。

- 不安に対して意識的に向き合う決断をしたこと
- パッとしない生活に甘んじるのはやめようと決断したこと
- 自分のルールを決めようと決断したこと

皆さんが尊敬している人、憧れている人のことを考えてみてください。そういう人の多くが何もない状態からスタートして成功し、成功を収めた後も、楽しく生産的で情熱的な人生にするための方法を探しているのではないでしょうか。自分の人生の道筋を自分で描き、自分のルールをつくっているのではないでしょうか。そういう人たちは皆さんと大きく違うものを持っているわけではありません。彼らも普通の人間なのです。ただ自分の人生を自分の責任で切り開いている点が違うだけなのです。

そういう人たちにできるのだから、自分にもできないはずはない。皆さんにはそう考えていただきたい。私は、「誰かにできるなら、自分にできないはずがない」という言葉が好きです。ほかの人が、自分の責任で、人に憧れられるような人生を切り開いているとすれば、皆さんにもできないはずはないのです。自分の望みどおりの人生を実現することを妨げているのは、ほかならぬ自分自身なのです。

今こそ、自分の道筋を自分で描き、夢を実現させる時です！

40 こうして克服！

次のリストからどれかひとつを選び、それがあなたにどのような不安をもたらすのかを具体的に書き出してみよう。また、その不安にどう向き合うのかも書き出そう。その後、小さな一歩でかまわないので、その不安と向き合ってみよう。その際にはひとりでやらず、必ず誰かの助けを借りよう。

何があっても、あなたにはできる！　私はそう信じている。

- 昇給や昇進の要求をする
- 仕事に不満があるので辞める
- 自分で事業を立ち上げる

- 大学で学び直す
- 混乱した状況に立ち向かう
- 自分のアイデアや、自分がつくったものを提案する
- 一生をかけて夢を追いかける
- 趣味や、関心のあることにもっと時間をかける

41

こうして克服！

人生において、あなたが本当にやりたいことは何だろう。そして、その実現を阻んでいるものは何だろう。自分が本当にやりたいことを三つ書き出してみよう。また、自分にはそれができるのだ、と自分を励ます言葉を書いてみよう。それを、いつでも見ることができるよう壁などに張っておこう。信頼できる人にも、自分の夢や決意について話してみよう。

■すばらしい人生にするために❸
――何事も完璧にしようとせず、成り行きに任せよう

本書は当初、「ナイスガイ症候群」克服グループのメンバーの皆さんに役立つことを、何章かにまとめてみようと考えて書き始めたものです。最初は特にテーマも結論も決めず、「ナイスガイ症候群」について思うこと、考えることをそのつど記録するように書いていたのです。ところがそのうち、メンバーや家族から一冊の本にまとめたほうがいいと勧められるようになりました。思いついたことを記録するという作業の延長として一冊の本にまとまるのであれば、それもひとつの案だと私自身も思うようになりました。

ただそのころ、私の中で何かが変わりました。カウンセリングに来てくださる一部の皆さんに役立ちそうな思いつきや実例をまとめるのではなく、出版されて世間に広く読まれるにふさわしい内容にしなければならないと思うようになったのです。周りからは「ベストセラー」だの「テレビ出演」だの「一攫千金」だのという声も聞こえるようになりました。

何かの役に立てばと思って始めた作業は、周りからの期待という重圧のためになかなか進まなくなりました。周りが期待しているようなレベルをクリアするには、相当立派な本に、いや完璧な本にしなければならないのです。

そんな浅はかな目論みもあって、本書を書き上げるまでに六年もかかってしまいました。その間、

友人や家族からは「いつになったら本になるのか」とよく尋ねられました。その六年間で、少なくとも三回、原稿を改訂し全体を見直しました。それほど時間がかかってしまった要因はいくつもありますが、いちばんの要因は、私が完璧な本にしなければと肩ひじ張ってしまったことでしょう。出版されるのなら、買ってくれる方のためにも完璧に仕上げなければならない、誰の役にも立つような本にしなければならない、と思ってしまったのです。

こうした情けない勘違いが、さまざまなおかしな結果をもたらしました。まず、私は「ナイスガイ症候群」について知っていることをすべて網羅しなければならないと思い込んでしまいました。当初の原稿など、本書の四倍はあったと思います。また、流れるがごとき名文にしなければならない、一点も非の打ちどころのない文章にしなければならないとも思い込んでしまいました。

カウンセリングを受けて、本が完成できない理由を探ったりもしました。子供たちは、私が完成できないだろうと予感したのか、とてもがっかりした様子でしたし、妻に至っては、半分冗談ではありますが、「完成できないのなら離婚する」とまで言いだす始末です。

とはいえ、何年ももどかしい思いをしたあげく、ようやく道が開けました。ある聡明な方が、「本になんかならなくてもいい、ぐらいの気持ちで、楽に構えたらどうだ」というようなことを、それとなく言ってくれたのです。その途端、私は肩の力が抜けて楽になったような気がしました。

ナイスガイたちがよりよい人生を送る、その一助にしてもらうために、カウンセリングの中で私が気づいたことを書き留めておく。それが当初の目的だったはずなのに、気がついてみれば、私はそこからずいぶん違う方向へ進んでいたのです。何としても出版しなければ……、本がベストセラーになって、ベストセラー作家としてテレビのインタビュー番組に呼ばれて……、といった勘違いがもたらした重荷を肩から下ろしてみると、すべてが一変しました。私は初心に戻り、ただひとつのことだけを自分に問いかけながら原稿を書くようになりました。それは「今書いていることは、ナイスガイたちの役に立つのか」という問いかけです。ただ、その一方で私は、「この本を出版しなければ、私が気づいた克服へのヒントを伝える機会は永遠になくなるのだ」とも、自分に言い聞かせました。「完璧な本にする必要などない」と思い直してみると、ごく自然な成り行きでいろいろなことが起こるようになりました。まず、私はついに本を書き上げました。私のもとへカウンセリングに訪れる皆さんが、「人生を変えてくれる本でした」と言ってくれました。同業者たちは、自分のお客様に配りたいから何冊か送ってくれと言ってきました。ラジオのトーク番組の司会者や、新聞、雑誌の記者からインタビューの申し込みが来るようになりました。私は代理人を雇うようになり、あちこちの出版社からお声がかかるようになりました。

要するに、私が「すべてを完璧にやろう」としていたならば、本書が世に出ることはなかったわけです。肩ひじ張らず、「これで充分」というレベルで納得することで、私はかえって楽になり情熱を取り戻して、それなりに価値あるものをつくることができたと思っています。この私の経験はナイスガイたちの人生のあらゆる局面に、当てはまるのではないでしょうか。

42

こうして克服！

何でも完璧にやらなければ、きちんとやらなければと思ってしまうせいで、自分がやりたいと思っていたことを実現できなかったり、自分の力を発揮できずにいるということはないだろうか。ずっとやりたいと思っていることをひとつ書き出してみよう。本を書く、趣味を仕事に変える、引っ越しをする、大学に入り直す、自分の才能を開花させる……。何でもいい。そして、こう自問してみよう。

- もし、自分の努力が実を結ぶと前もって分かっていたとしたら、自分はそれをやることをためらっただろうか？
- 成功することが前もって分かっていたら、それを完璧にやらなければならないという思い込みから解放されただろうか？
- 成功することが前もって分かっていたら、それを始めよう、もしくは始めてしまったことを最後までやろうと思っただろうか？
- もし、失敗することなど絶対にないことが前もって分かっていたとしたら、どんなリスクをとろうとするだろうか？

さあ、もはや待っている必要はない。完璧にやろうなんて思わずに、とにかく一歩踏み出してみよう。

■すばらしい人生にするために❹——人の助けを借りよう

多くのナイスガイたちが自らの潜在能力を発揮できない大きな理由。それは、何でも自分でやろうとしてしまうことにあります。

その好例はフィルです。彼の人生の目標はお金持ちになること。一見したところ、その目標をかなえるために必要な条件はかなりそろっているようでした。イケメンで知性もあり、社交的でユーモアもあります。でも、何かが欠けているせいで、自分の壮大な目標と夢は結局かなえられないのではないか……。彼はいつもそう感じていました。実際、夢の実現を阻む要素はかなりあったのです。つい仕事の手を抜いてしまったり、先延ばしにしたりするだけでなく、自分が本当に望んでいるものを手にしていい人間なのか……という不安もありました。

でもフィルの行く手を阻む最大の障害は、彼が人の手を借りることのできない人間だったことでしょう。彼は、せっかく手を貸してくれようとする人々について、誤った見方をしていました。彼は、自分が望んでいるものを手にしていい人間なのか分かりませんでしたし、自分の望みが、ほかの人にも価値あるものだとは思えませんでした。だからこそ、自分の夢を実現するために、わざわざお願いして人の手を借りることなど思いもよらなかったのです。

ある日の克服グループの集まりで、彼は妻との夜の営みがないことをさかんに嘆いていました。私は彼に、奥さんに「セックスをしよう」と正直な気持ちを伝えているのかどうか、尋ねてみました。彼の答えは「いいえ」でした。私はさらに、「あなたは、奥さんがあなたとのセックスを望んでいると思うか」と尋ねてみました。この質問にも、やはり「いいえ」という答えが返ってきました。

私はフィルに「長いこと奥さんとのセックスがないというのは、何かもっと大きな別の問題がそこに隠れているからかもしれない」と言いました。彼は自分の欲求など人にとってはどうでもよいことだし、自分の欲求のために人が力を貸してくれるなどあるわけがないと思い込んでいますが、性生活についても同じです。私は、まず性的欲求に関する思い込みを変えれば、それが、ほかの問題解決へのきっかけになるのではないかと話しました。

翌週、彼は満面の笑みでこう報告してくれました。「妻とセックスしたんですよ」。心底喜んでいる彼の気持ちが、グループの面々にも伝わってきました。メンバーたちは口々に、彼がどのように望みをかなえたのかと尋ねました。

「自分の気持ちを正直に伝えたんです」。彼は一言だけそう答えました。

「あなたとのセックスを、奥さんはどう感じたのでしょうか」。私はフィルに尋ねてみました。

「うれしかったみたいですよ」とフィルが答えました。「あなたとセックスしたいと思っていたけど、僕が長いこと求めなかったので、その気がなくなってしまったんだと思っていたって言っていました」

その次の週、彼はグループのメンバーたちに、古くなった窓ガラスの交換にかかる費用を義理の父親に借りようと思っているが、頼むのが怖いと打ち明けました。するとメンバーたちは、いくらぐらいかかるのかとか、そういう作業は以前やったことがあるとか口々に言ったのです。私はフィルに、メンバーたちの力を借りてはどうかと提案してみました。彼は言い出しにくそうにしていましたが、思い切ってメンバーたちに、ガラスの交換を手伝ってくれないかと頼んでみました。するとメンバーたちは口をそろえて、喜んで手伝おうと言ってくれたのです。ひと月後、メンバーたちはフィルの家に集合しました。それはまるで、古きよき時代の納屋の上棟式のような、すばらしい光景でした。

この二つの出来事が、フィルに大きな影響をもたらしました。彼は、自分の望みが重要なものであること、周りの人たちも彼の望みをかなえるために喜んで手を貸してくれること、そして、人々の手を借りたければ、そう頼めばいいということに気づいたのです。

そして、それがフィルの新しい思考パターンになりました。その数週間後、彼は新たに事業を起こす計画について、メンバーたちに話してくれました。彼の家族の知り合いが造園業を営んでいて、まずはそこで働きながら準備してはどうかと言ってくれたのだそうです。その提案に、彼は大喜びしました。造園業が暇になる冬は、彼がずっとやりたかったスノーボードのインストラクターをすることができるからです。

資金面については、彼の昔からの友人がバックアップしてくれることになり、フィルの妻も、自ら進んで健康保険給付金の出る仕事を見つけてきました。グループのメンバーたちは、事業計画書の作成や口座の開設を手伝ってくれました。

フィルがすべてを自分ひとりでやろうとしていたら、きっと自分の望みをかなえられず、もがいていたことでしょう。周りの人たちに助けを求め、周りの人々が手を差し延べてくれることを素直に受け入れるようになって初めて、彼の人生は回り始めたのです。フィルは今、以前から望んでいたとおりの人生を構築し、前からやりたかった仕事に就くという新たな目標に向かって、歩みを進めているところです。

43 こうして克服！

あなたは、自分の欲求が大事なものだと思っているだろうか？　周りの人が、あなたの欲求をかなえる手助けをしたいと思っている、ということが信じられるだろうか？

あなたの周りに、手を貸してくれそうな人がいたら、その名前を書き出してみよう。友人でも、家族でもいいし、医者や弁護士、カウンセラー、公認会計士のようなプロでもよい。

リストができたら、以下の質問に答えよう。

- ほかにどのような援助がほしいか
- 人の援助を、より効果的に活用する方法は何だろうか
- 援助したくてもできないようにしてしまう自分の要因は何か

そうした人々に援助をお願いできそうな機会を探そう。そうして人のネットワークを築こう。援助を頼むときには、心の中でこう繰り返そう。

「この人はきっと僕に手を貸してくれる！」

■すばらしい人生にするために❺──真摯に仕事に取り組もう

この章のはじめのほうでお話ししたように、ナイスガイたちには、人生の成功を何とか避けようと、さまざま巧妙な手段を考えだす傾向があります。わざと時間を無駄にしたり、仕事を先延ばしにしたり、始めた仕事を最後までやらなかったり、人の仕事を手伝うことに必要以上の時間をかけたり、つまらないことにこだわってみたり、わざと面倒な状況をつくってみたり……。とにかく仕

事がうまくいかない言い訳をつくりだすのです。

サルもそんなナイスガイのひとりです。彼は頼りがいのない父親と、精神的な病を抱える母親に育てられました。父親も母親も、子供たちの欲求を満たしてあげようなどと考えたこともなく、サルはごく幼いころから弟の面倒もみなければならなかったので、あれがしたい、これがしたいと考えるゆとりなどありませんでした。何か恐ろしいこと、どうしていいか分からないことがあっても、体を低くして身を守りながら、ぐっとこらえながら不屈の決意で前に進むしかなかったのです。

大人になると、サルは叔父の経営していた自動車修理工場を引き継ぎました。叔父はケチで目先のことしか頭になく、だらだら惰性的に仕事しているだけの経営者でした。そのため、叔父から引き継いだものはわずかな資金と不平不満ばかりの従業員。その状態で収益をあげられるかどうかはサルの手腕次第です。実際、サルは必ず成功するという確信をもとに仕事に励みました。

克服グループの集まりにやって来て彼がまずやることは、頭痛薬を二、三錠、口に放り込むことでした。仕事上の厄介な交渉ごとが多いこともあって、頭痛に悩まされていたのです。ある時私は、この先、仕事を拡大していきたいと思っているのかどうか、彼に尋ねてみました。「そんなことしても、意味はありませんよ」と彼が答えました。「できることは何もないんですから」

その後一五分ほど、グループのメンバーたちは彼にあれこれ尋ねたり提案したりしていましたが、その間サルは、まるで麻酔なしで歯の治療でもされている患者のような顔をしていました。

「叔父さんと話し合って、叔父さんから引き継いだ資金では事業を続けていくのは難しい、と言ってみてはどうだろう」とメンバーのひとりが言いました。

「もちろん言いました。でも知らん顔ですよ」

「利益を従業員に分配して、モチベーションを上げてみるというのはどうだろう」

「叔父はとにかくケチな人間です。賛成するとは思えません」

「助手を雇って、君の仕事量を減らしたほうがいいんじゃないか」

「やってみましたが、うまくいきませんでした」

「経営からは手を引いて、一作業員に戻ってみたら？」

「そのほうがお金になるでしょうが、体のためにはよくないですね」

「いっそ修理工場はやめて、別の仕事を始めたら？」

「例えばどんな仕事です？　私には住宅ローンもあるし、妻もいる。二人の子供もいる。これから新しいことを始めるなんて、無謀ですよ」

「では、君がずっとやりたかったことは何？　君の夢は何？」

この質問にはしばらくの間黙ったままでしたが、やがてこう答えました。「実はずっと、武術を教えたいと思っていました。でも、そんなことありえませんよね。夜も週末も仕事になりますから、妻が賛成するはずもありません。子供たちとの時間もなくなってしまいます」

私たちが質問したり提案したりするたびに、彼の表情は険しくなっていくようでした。その目からは、まるで秘密警察の過酷な取り調べでも受けているかのような恐怖の色がありありと見てとれました。このまま考えられる選択肢を提案すればするほど、彼の恐怖感、不安感が大きくなって、彼が心を閉ざしてしまうことは明らかでしたので、メンバーたちはそれ以上踏み込むことは控えました。後でサルが語ったことですが、このとき彼は「何だか拷問でもを受けているような気分」だったそうです。

多くの場合ナイスガイたちは、誰かの被害者になっているのではなく、自分自身を被害者に仕立てています。サルの態度や行動から、彼が仕事上どんな種類の成功体験もないことは明らかでした。むしろストレスの多い、パッとしない状況にハマったまま抜け出さずにいるほうが楽だったのです。

私が診てきたナイスガイたちは皆、ある時点でもう仕事を手加減したりしない、わざと手を抜いたりしないという決断を下します。これは「ナイスガイ症候群」を克服するうえできわめて重要な局面になります。人生における目標の達成に向かって歩みを進めるには、これまでの自己流のやり方から抜け出す決断を下すことが大切なのです。

その一方法として、変化についての考え方を変えてみるという手があります。そのためには、自分が無意識のうちに多くのバリアをつくって行き詰まってしまう、その理由が何なのかを把握する必要があります。住宅ローンが残っている、妻が反対する、学歴が低い、借金がある、子供がいる――すべて言い訳です。人生を劇的に変えるからといって、そうしたものを放っておいてよい理由など、もちろんありません。そうしたものをナイスガイたちがどうとらえているのか。何もせずにいるための言い訳にしているだけではないのか、そうではないのかをはっきりさせて、自分の望みをかなえる方向へ一歩でも二歩でも歩きだすことが重要なのです。

例えばサルの場合なら、まずは週に一度、夜に武術を教えることから始めてもいいはずです。住宅ローンを繰り上げ返済するよう工夫して、将来仕事を変える準備をするという方法もあるでしょう。つまらない、面白くもない作業に費やしている時間を見直してみるという方法もあるはずなのです。

44 こうして克服！

あなたはどのように仕事を手加減しているだろうか。自分の行動パターンを把握したら、望みをかなえるために、これまでとは違うやり方を決めよう。次の項目を見て、仕事を手加減せず、目標を達成するために役立つのはどれか、考えてみよう。

- 焦点を絞る
- 今すぐ実行する
- 「完璧」を目指すのではなく「これで充分」と考えるようにする
- 始めたことは最後までやり抜く
- 前の案件が完全に終わるまで、新しい案件に着手しない

・言い訳をしない
・他人の悩み、心配事などは放っておく

自分の考えたプランを、信頼できる人に話してみよう。プランは定期的にチェックして、進捗を確認する。このチェックをしないということは、相変わらず手を抜いて仕事をしているということになる。

■すばらしい人生にするために❻――新たな世界観を持とう

どうしてほかの人たちは自分より多くのもの、よいものを持っているのだろう。そう思ったことはありませんか？　自分よりたくさんの金を持っている、自分よりいい仕事に就いている、自分よりいい車を持っている、ウチより可愛い奥さんがいる……。あなたはそうした人々をうらやましく思いますか？　ほかの人が自分にはないものを持っていることを妬むような気持ちがありますか？　自分の番はいつやってくるのだろう、と考えたりしますか？

子供時代に体験したこととの影響で、ナイスガイたちの考え方や行動パターンの土台には欠乏感があります。彼らは、多くのものがすでにほかの人の手に行き届いてしまっていると考え、ほかの人がすでに手にしているのなら、自分のところには回ってこないと思い込む傾向があります。

私たちはさまざまな選択肢にあふれ、どんどん拡大する宇宙の中で生きているわけですが、ナイスガイたちにはそういう考え方がよく理解できません。いいものは数少ないので、みんなには行き渡らない。彼らはそう考えていますので、今手にしているものは絶対に手放そうとしません。手放したら二度と手に入らないのではないかと不安になるからです。今手にしているものを手放すことになるような事態を避けようと、状況を巧みに誘導したり、操作したりすることもあります。とにかく安全が第一で、自分の望みをかなえるための選択肢がこの世界には無数にあるなどと言われても、信用できないのです。

欠乏感が当たり前になっているナイスガイ的な考え方について、ラッセルの例で説明しましょう。ラッセルは優秀な営業マンで、年収も八桁台。ただ、収入の四割は堅実に貯蓄や投資に回し、当座預金の残額が四〇〇万円以下にならないよう注意しています。金銭的な財産をつくる能力があるにもかかわらず、彼の考え方は欠乏感に支配されているといえます。彼は、金銭的破綻を極度に恐れ、安売りスーパーで子供に一〇〇〇円のビデオを買ってあげようとした妻に、買い物の予算を超えてしまうからダメだと言ったこともあるほどです。

お金に関するこうした考え方は、彼の世界観を反映したものです。彼の父親はケチで厳格な人間で、ラッセルにだけ特につらく当たる反面、ほかの二人の息子のことは甘やかし可愛がっていました。亡くなるときも、遺言書でラッセルへの財産分与については触れず、彼が相続するはずだった金額を教会に寄付してしまいました。彼が「自分にはどうせ何も回ってこないのだ」という歪んだ思いで世界を見るようになったとしても、何の不思議もないでしょう。

私たちにとって世界は、無数の選択肢がある豊かな場所ですし、私たち一人ひとりが皆、その豊かさを手にすることができます。目の前に豊かな世界が広がっているのですから、望みのものを手に入れるには、自分の小さな世界から飛び出せばいいのです。

富にあふれた周りの世界を、あらためて見てみましょう。人々が乗る車、人々が住む家、人々が出かける旅……。いずれを見ても、私たちが選ぼうと思えば好きなように選べる豊かな世界に生きていることに議論の余地もないはずです。ほかの人たちができるのだから、皆さんにできない理由などありません。この言葉を思い出してください。

「誰かにできるなら、自分にもできるはず！」

こう考えるようにしましょう。

- 人が巨万の富を築けるなら、自分にもできないはずがない
- 人が自分の夢を仕事にしているのなら、自分にもできないはずがない
- 人がベンツに乗っているのなら、自分にも乗れないはずがない
- 人がつまらない仕事を辞めて魅力的な仕事に就いたのなら、自分にもできないはずがない
- 人がスノーボードのインストラクターになったのなら、自分もなれないはずがない

ただ残念ながら、自分の側に受け入れる気持ちがなければ、世界が何かを与えてくれることはありません。欠乏感に支配されて、自分が手にしているものを手放すまいと必死になっているかぎり、それ以上を手にすることはできないでしょう。フィルが気づいたように、自分から積極的に求め、求めたものをしっかり受け入れる用意があれば、望みのものは向こうから自ずとやってくる。そういうものなのです。

45 こうして克服！

この本を置いて、目を閉じてみよう。何度かゆっくり深呼吸をして、頭をクリアな状態にする。

リラックスしてきたら、豊かな世界に生きている自分の姿を思い描いてみよう。それは、何の制約も制限もない自由な世界。さまざまなものが絶えず目の前を流れていく――車、家、友人、愛、快楽、富、成功、心の平安、新たな挑戦……。あなたが手にしたいと思っていたさまざまな選択肢が目の前にある様子を想像してほしい。そして、そうしたものに取り囲まれた生活を思い描いてほしい。そうした想像がリアルなものに感じられるまで、一日に何度も繰り返そう。

そして腕を大きく広げ、心を開き、意識を自由に解き放とう。今の自分を離れ、世界を受け入れるのだ。

望みどおりの人生を手に入れる成功戦略

ナイスガイたちは、あらゆる行動にはそれを律するルールがあると信じています。そうしたルールを理解し、守らなければ円滑な人生など送れないと思い込んでおり、そうしたルールを読み違えたり、ルールに従わなかったりすれば深刻な結果が待っていると信じ込んでいるのです。

情熱を取り戻し、人生の目的を見つけるために、何が効果的で何が効果的ではないかを見極める必要があります。成功を手にした人々は皆、思慮深く、自分のルールを自分で決めているものですが、そうしたルールを決める際の基準はただひとつ、「効果があるかどうか」だけです。

ここ数年、「ナイスガイ症候群」克服グループでも、メンバーたちが、自分にとって効果があるルールを自分で決めるようになりました。そしてそうしたルールが、自分の中に眠っていた情熱を目覚めさせ、持てる能力をフルに生かすうえで、また自分が本当に望んでいた生活や仕事を実現するうえで大いに役立っています。

さあ今こそ、自分の望んでいたとおりの人生を手にするための第一歩を踏み出す時です。「ナイスガイ症候群」を克服すれば、皆さんは、自分が情熱を感じられること、自分の潜在能力を最大限に発揮できることを見つけられるはずです。本当はこうしたかったんだ、という人生を自分の力で、自分の責任で実現することで、皆さんは、本来そうあるべきだった自分にかえることができるのです。

46 こうして克服！

以下に挙げた決め事を一通り読んで、自分に合いそうなものを試してみよう。また、自分なりの決め事を書き加えてみよう。それらを毎日見られるように、目につく場所に張っておこう。

- 不安に思うことがあるのなら、あえてそれをやってみよう
- 現状維持はやめる。現状にとどまったらそこで終わり
- 「自分ファースト」でいこう
- 何が起きても、自分なら対処できる
- 何をするにも、全力を出し切ろう
- 今までどおりのやり方なら、今以上のものは得られない

・自分の欲求、願望、幸福を実現するのは、あくまで自分
・自分の要望ははっきり伝えよう
・今の方法で効果がなければ、別の方法を試そう
・明確に、直接伝えよう
・「ノー」と言えるようになろう
・言い訳はしない
・大人として責任を持ち、自分のルールは自分で決めよう
・遠慮なく人に頼もう
・自分に正直になろう
・ひどい仕打ちに甘んじず、「ノー」と言おう
・悪い状況は変えよう。待っていても変わらない
・堪えがたいことは我慢しない
・人のせいにしない。被害者意識は持たない
・首尾一貫した誠実な態度をとろう。やるべきだと思ったら実行しよう
・自分の行動に責任を持とう
・自分のためによいことをしよう
・世界には無数の選択肢がある、と考えよう

- 難しい状況や厄介な問題にも向き合おう
- 隠れてコソコソ行動しない
- 今すぐ実行しよう
- 成り行きに任せれば、望みはかなう
- 楽しもう。楽しくなければ、何かが間違っていると考えよう
- 失敗しても気にしない。失敗ではなく学習だと考えよう
- 自分でコントロールしようと思わない。あらがわず成り行きに任せよう

おわりに

本書を書き上げるまで、実に六年かかりました。この間、私はそれこそ数えきれないほどのナイスガイたちとそのパートナーたちに出会いました。平均して週に三回、「ナイスガイ症候群」克服グループの集いを主催してきましたが、その集いだけでも延べ一八〇〇時間を超えています。その膨大な時間の中で、いくつものドキドキするような意義深い発見がありました。

これまでのカウンセリング作業を通じて、私は、無力感に打ちひしがれ、いつも受け身で融通が利かず、恨みがましく、被害者意識が強かった男たちが、活力にあふれ、首尾一貫した堂々たる大人の男性へと変容していく例を、数えきれないぐらい見てきました。また、劇的に改善した人間関係も、遅すぎる破局を迎えた人間関係も、やはり数えきれないほど見てきました。

一方、男性からも女性からも、人生の大きな変化を日々実感している、といった声が寄せられ、感謝の手紙も届くようになりました。また私のウェブサイトを見た世界中の男女から、ウェブサイトで紹介しているナイスガイたちと、自分や自分が愛するパートナーの姿が重なって見える、といった感想が返ってくるようにもなりました。

こうした反響をつぶさに検証した結果、私の中にひとつの大きな確信が生まれました。それは、本書で私がご紹介した方法や提案には確かな効果があるということです。

本書をひと通り読んでいただいた皆さんには、ぜひもう一度最初から読み直していただきたいと思います。そして「こうして克服！」でご紹介している解決策を、ゆっくり時間をかけて実行していただきたいと思います。特に、「ナイスガイ症候群」克服の取り組みに力を貸してくれる、信頼できる人やグループをまだ探していないという方は、ぜひ見つけていただきたい。付き合っている相手がいるのであれば、パートナーにもぜひ本書を読むようお勧めいただき、自分自身について新たに発見したこと、気づいたことを彼、彼女に伝えていただきたいと思います。

なぜかといえば、本書でご紹介する克服プログラムを実行することは、あなた自身にとって、そしてあなたが愛する相手にとって最高の贈り物になるはずだからです。あなたが自分自身を受け入れ、認めることができるようになれば、自分の中に、今まで思ってもみなかった人を愛する力と愛を受け入れる力、そして人生を十全に生きていく力を発見することになるからです。自分がひと回り大きくなったようなその感覚に、当初はびっくりするかもしれませんが、それこそまさに、あなたがあなた自身になった、本来そうあるべきだった姿に戻ったという感覚なのです。

今までとは違う本来の自分を発見すると、無限の自由に包まれます。その時あなたはもはや、ありのままの自分で生きる自由な人間――人から認められることなんかにこだわらず自分の思いどおりに生きることができる、自由な人間に生まれ変わっているのです。

「ナイスガイ症候群」克服のためのウェブサイト

グラバー博士は自身のウェブサイトhttps://www.drglover.com/で、「ナイスガイ症候群」の克服に関する資料を多数公開しています。資料には次のようなものがあります。

- 印刷物、録音物
- 無料のオンラインサポートグループ
- 男性向けの治療グループ
- 電話やメールによる遠方在住者向けのカウンセリング
- セミナー、ワークショップ、講座
- 最新のイベント情報
- Q&Aコラム

https://www.drglover.com/で提供されている資料を活用して、恋愛や人生で自分が求めているものを手に入れましょう。

プルが性的なトラウマや社会の機能不全を乗り越えるための方法が語られている。

Meleton, Marcus Pierce, Jr.（マーカス・ピアース・メルトン）
***Nice Guys Don't Get Laid*, 1993, Sharkbait Press**
　ナイスガイはなぜ個人的な関係や性的な関係を築くのが困難なのか。ユーモアあふれる考察。

* * * * *

Paglia, Camille（カミール・パーリア）
　歴史家にして現代文化の観察者であるパーリアは、対人関係や性的な関係での力学にまつわる問題によく言及している。

Scott, Neill（スコット・ニール）
　特に独身男性とその女性関係にまつわる「ナイスガイ症候群」の問題に最も早く取り組んだ専門家の一人。

「ナイスガイ症候群」克服に役立つ書籍など

スーザン・ジェファーズ著『とにかくやってみよう——不安や迷いが自信と行動に変わる思考法』（海と月社）

恐怖に立ち向かい、乗り越えるための強力な処方箋とでもいうべき本。www.susanjeffers.com

M・スコット・ペック著『愛すること、生きること——全訳『愛と心理療法』』（創元社）

自制や愛、精神世界の問題に関する自己啓発本。長年にわたってベストセラーリストにランクインしつづけている。www.mscottpeck.com

パトリック・カーンズ著『セックス依存症——その理解と回復・援助』（中央法規出版）

セックス依存治療の第一人者であるカーンズ博士の著書では、人間関係における依存や心的外傷となるしがらみといった問題が扱われている。www.sexhelp.com

メロディ・ビーティ著『共依存症——いつも他人に振りまわされる人たち』（講談社）

アルコール依存の家族という視点から書かれた、男性と女性の双方に有用な共依存に関する本。

ロバート・ブライ著『アイアン・ジョンの魂（こころ）』（集英社）

現代社会で男性がどのようにして傷つくのかについて、神話や詩に言及しながら語る本。

ワレン・ファレル著『男性権力の神話——《男性差別》の可視化と撤廃のための学問』（作品社）

全米女性連盟ニューヨーク支部の前支部長のファレルには、男性が抱える問題や人間関係についての著書が多数ある。www.warrenfarrell.com

※以下の書籍は邦訳がありません。

Eldredge, John（ジョン・エルドリッジ）

***Wild at Heart; Discovering The Secret Of A Man's Soul*, 2001, Thomas Nelson Publishers**

キリスト教徒の男性がいかに「よい人間」であることを求められ、それによって本当の男らしい自分がどれだけ損なわれているかについて書かれた本。www.ransomedhearts.com

Gurian, Michael（マイケル・グリアン）

***The Wonder Of Boys*, 1996, Tarcher/Putman**

男子児童や青年期の男性に固有の特性を扱った本。www.michaelgurian.com

Hastings, Anne Stirling, Ph.D.（アン・スターリング・ヘースティングズ）

***America's Sexual Crisis*, 2001, Wellness Institute**

ヘースティングズの著書では、理想のセックスを実現するために、個人やカッ

■著者紹介
ロバート・A・グラバー（Dr. Robert A. Glover）
ロバート・A・グラバーは、結婚・家族生活問題の心理療法で博士号を持つ心理療法士で、「ナイスガイ症候群」の克服とカウンセリングの第一人者。自身も「ナイスガイ症候群」を克服した後、数多くの「ナイスガイ」たちとそのパートナーをカウンセリングする一方、「ナイスガイ症候群」克服グループを主宰し、各地で講演やセミナーを開催している。オンラインセミナーやワークショップ、ポッドキャストなども運営し、ラジオ番組出演なども多数。FOXニュースの「ザ・オライリー・ファクター」などのテレビ番組にも出演経験がある。
メキシコのプエルトパジャルタ在住。4人の子供の父親で、妻のエリザベス・オレスコビッチも心理療法士である。
ウェブサイト https://www.drglover.com/

■訳者紹介
石山淳（いしやま・じゅん）
1958年生まれ。慶應義塾大学大学院文学研究科修士課程修了。翻訳、コピーライティング、雑誌記事編集制作などを幅広く手がける。主な訳書に『ヒップホップ・ビーツ』『だから私はブルースを歌う――B.B.キング自叙伝』（いずれもブルースインターアクションズ）、『六月の組曲』（DHC）、『ありえない決断――フォーチュン誌が選んだ史上最高の経営判断』（CCCメディアハウス）など。

■翻訳協力：株式会社リベル

2018年1月3日 初版第1刷発行

フェニックスシリーズ ⑥⑤

ナイスガイ症候群《しょうこうぐん》
――人生が思うようにならない理由

著　者　ロバート・A・グラバー
訳　者　石山淳
発行者　後藤康徳
発行所　パンローリング株式会社
〒160-0023　東京都新宿区西新宿7-9-18　6階
TEL 03-5386-7391　FAX 03-5386-7393
http://www.panrolling.com/
E-mail　info@panrolling.com
装　丁　パンローリング装丁室
印刷·製本　株式会社シナノ

ISBN978-4-7759-4188-1